大展好書　好書大展
品嘗好書　冠群可期

大展好書　好書大展
品嘗好書　冠群可期

徐震文叢：7

萇氏武技書

徐震 著

大展出版社有限公司

導讀

《萇氏武技書》是清乾隆時期儒拳師萇乃周（一七二四—一七八三）竭其畢生精力寫成的武術（以拳術為主）巨著。他的第五代弟子袁宇華（乃周玄孫德普的弟子）於一九二一年出版了乃周武術著作的舊本，分《培養中氣論》及《武備參考》兩種，共一百三十一篇。簡編錯雜，文字偽謬。一九三二年徐哲東先生刪除重複，更正文字，寫定為六卷共七十四篇，更名《萇氏武技書》，於一九三六年出版。一九九〇年十月上海書店出版了此書的影印本，但卻沒有把徐先生的《校訂記》和《校訂續記》印入。這次由山西科學技術出版社重新出版此書，根據徐先生的校訂更正了很多文字上的錯誤和少數語句上的缺漏。《中國武術大辭典》和日本松田隆智的《中國武術史略》都有專條介紹此書，足見它在學術界有相當的地

位。

本書闡述拳理非常細緻。第一篇《中氣論》說，「中氣者……即先天真乙之氣，文煉之則為內丹，武煉之則為外丹，然，內丹未有不借外丹而成者也。」真氣是中醫學名詞，它散佈於全身經脈之中，實際上是全身的神經系統、循環系統及其他系統的功能。所謂文練，就是用靜坐的辦法，讓意念來支配神經系統、循環系統和其他系統的活動。所謂武練，就是用內外合一的技擊動作來練功，好像我們打太極拳一樣，既要姿勢正確，又要用意念來指導動作。所謂內丹借外丹而成，就是先用內外合一的練功方法來打好基礎，再用靜坐的方法來練功。

第四篇《入陽扶陰入陰扶陽說》曰：「以俯勢入陽氣，不將陰氣扶起，則偏於陽，必有領拉前栽之患。仰勢入陰氣，不將陽氣扶起，則偏於陰，必有掀推後倒之憂。……」「入」是目的性的動作（例如做前俯動作時，「前俯」就是目的），「扶」是調節性的動作（防止前俯過度）。做前俯動作時，手雖前伸卻不可讓身前撲，相反，身子要後屈，這樣才不會向前栽跌。做後仰的動作時，身雖提起，背脊卻不可完全伸直，而要保持胸腰間的曲勢，這樣才不會被後仰的動作把身子牽動，以致向後傾倒。

第二卷第十一篇《行氣論》曰：「……手一出，氣著一面，不能四面俱著。力直出者無橫力，我截其橫。橫出者無直力，我截其直。上出者無下力，我挑其下。下劈者無上力，我打其上。斜正屈伸，無不皆然。此搗虛之法，攻其無備也。……」這與太極推手的打法何其相似。

第十三篇《得門而入論》曰：「……蓋拳之催人，必近其身，方能跌出。……」這話對練推手和散打的人很有幫助。

第三卷第二篇《合煉中二十四勢》曰：「煉形合氣，煉氣歸神，煉神還虛。形者，手足官骸也。氣者，陰陽周流也。神者，心之靈妙，觸而即發，感而隨通也。虛者，無極也。陰陽本太極，太極本無極。至無而含天地之至有，至虛而含天地之至實。……始不著力，方能引出自然之力，且

可便於轉換，不至發難。」這和太極拳的原理和練法太相似了。

第四篇《煉氣訣》曰：「凡一身之進退動靜，以心為主，心君也，出令者也……以命門為輔，命門氣之所從生，乃一身樞紐，宰相也，傳君之令也。……故每一勢之操縱收發，心先，命門為次，頭又次之，手足則次而又次之。」這和太極拳家武禹襄《打手要言》裏的「心為令，氣為旗，神為主帥，身為驅使。……先在心，後在身……」可說完全一致。

第九篇《論用功》最後曰：「……故學此道者，先掄大圈，漸掄漸小，迨於成時，則有圈而不見圈，純以意知，自不著跡。」這和太極拳家說的「由大圈而歸於小圈，由小圈而歸於無圈……」簡直沒有什麼兩樣。

由此可見萇家拳的拳理和太極拳的拳理一致之處很多。但萇家拳似更注意技擊。不但如此，萇氏在本書第四卷《初學條目》第二十二條曰：「學拳宜心領神會，博聞廣見。凡人所不知者，我必知之。凡人所不能者，我必能也。……」足見萇氏很重視拳理。

他博採眾長，自成一家。讀者細讀此書，就可認識到此拳的可貴之處，從而增強閱讀的信心。只要認真閱讀，克服少數術語上的困難，就可以掌握它的理論和練法，絕不至於身入寶山，空手而回。

徐哲東先生針對本書的某些難點，寫了《萇乃周武術學》一書，好像是開啟萇氏武術寶庫的鑰匙，對讀者很有幫助。一九九〇年九月人民體育出版社出版的《中國武術大辭典》說：「萇家拳自萇乃周以下，歷傳八代，主要流行於豫中，以滎陽、鞏縣、密縣、安陽、開封等地最盛。」希望上述各地練萇家拳的同志們批判地吸收本書的精華，對本書作出評價，使它能發揮理論上和練法上的指導作用，使廣大的武術愛好者受益。

林子清

二〇〇六年二月十九日於上海

序

萇氏武技書者，清萇乃周所撰也。舊本分培養中氣論及武備參考兩種，都一百三十一篇。簡編錯雜，文字訛謬，不知草稿未釐整者歟？將傳抄之誤歟？今為芟除重複，條次先後，是正文字，寫定為六卷，凡七十四篇，更名曰《萇氏武技書》，從其質也，目錄具如右。

乃周字純誠，河南汜水人。乾隆時舉明經，嘗撰《周易講義》一書。顧自成童，即耽武技，籀誦之暇，輒習搏擊。既十載，遇洛陽閻聖道，技大進，卒以此獲大名。所著有：《中氣論二十四氣》、《武備參考》、《武備擇要》、《青龍入海》、《羅漢拳》、《黑虎拳》、《白虎拳》、《炮拳》、《小紅拳》、《二十四大戰拳》、《六合棒》、《猿猴棒》、《六零奇槍》、《飛雲八勢槍》、《十七槍》、《春秋刀》、《單劍對

槍》、《雙劍對槍》、《雙劍交對》、《劍指七星》、《虎尾蛾眉鐮》等書。人以其文士而好武，故號為儒拳師也。

或曰萇氏初學于禹讓，後遇閻聖道，技益精，周流四方，聞見既廣，學乃大成。嘗遊開封，開封人方苦劇盜王倫。一夕，倫置衣巡撫署門石柱下，附書曰：「衣出則倫去。」乃周聞之，取衣懸諸高竿，揚言曰：「倫三日不去，吾且取爾首。」倫遂逸。乃周妻家秦姓，河陰世族也，宅宇崇閎，庭除石級厚二尺許。秦姓子弟見乃周至，戲提以石，乃周舉手揮之，石應手糜散。秦姓子弟復強之裂除石，乃周登石皆中斷。又能行於水面，身貼於壁。若此奇怪不常之術傳說紛紜，不可備論。

然其書言：拳技主於養氣，務使氣藏於腹，精神合一，氣力乃成。氣力者，即精神能勝物之謂。言應敵，則重在虛實相濟。言運功，則謂兩膊宜柔而活，不可使著力。言仆人，則必前腳速進敵之身後，而不拘在人腳之內外。言練法，則須因勢之自然，務使外形一家，再令圓熟，將筋節鬆開。皆微妙淵深，得其樞鍵矣。其論打法云：「彼不動，我不動；彼欲動，我先動。」其論出手云：「內固精神，外示安逸。」此太極拳家之要義，而萇氏亦得之，又足見其采摭之精也。乃周之弟子有柴如桂者，最知名。當川楚教匪之役，常率團練捍衛鄉里，教匪憚之。萇氏子孫亦有能傳其學者，及乃周五世孫德普，以技授汜水袁宇華，宇華當民國十年，任鎮嵩軍拳技教習，此編始得宣佈。陝西馮君超如得其一部，以示余。余惟乃周所著武技各書本要，已具於此編。自餘皆枝葉耳，得此一編，固可見其技術之全，故為理而董之，使具統紀焉。

徐震 哲東甫撰

一九三二年七月

目錄

卷一

中氣論

中氣者，即仙經所謂元陽，醫者所謂元氣，以其居人身之正中，故武備名曰中氣。此氣即先天真乙之氣，文煉之則為內丹，武煉之則為外丹。然，內丹未有不借外丹而成者也。蓋動靜互根，溫養合法，自有結胎還元之妙。俗學不諳中氣根源，惟務手舞足蹈，欲入元竅，必不能也。

人自有生以來，稟先天之神以化氣，積氣以化精。當父母構精，初凝於虛危穴內，虛危穴前對臍，後對腎，非上非下，非左非右，不前不後，不偏不倚，正居人一身之當中，稱天根，號命門，即《易》所謂太極是也。真陰真陽，俱藏此中，神實賴之。

此氣之靈明，發為五臟之神：心之神、肝之魂、脾之意、肺之魄、腎之精與志。賴此主持，呼吸依之，吸採天地之氣，呼出五臟之氣。呼自命

一校

門而腎而肝而脾而心而肺，吸自肺而心而脾而肝而腎而命門，十二經十五絡之流通係焉。

經絡者，氣血之道路也。人一呼氣血流三寸。呼吸定息，共行六寸。人一日一夜凡一萬三千五百息，晝夜行八百一十丈，陽行二十五度，陰亦行二十五度，共計晝夜凡五十度，遍周於身。

自臟腑而出於經絡，自經絡而入於臟腑，從此而生兩儀。乃生腎而骨（腎有左陰右陽），腎屬水臟，水能生木。

肝屬木臟，而生筋；筋附於骨，乃生肝而長筋，木能生火。

心屬火臟，而主血脈，火能生土。

脾屬土臟，而生肌肉，土能生金。

肺屬金臟，而主皮毛，乃生肺而長皮毛。

五臟以次而長，六腑以次而生，是形之成也。因真乙之氣，妙合而成，氣之聚也，由百骸畢具而寓。一而二，二而一，原不可須臾離也。武

備如此，練形以合外，煉氣以實內，堅硬如鐵，自成金丹不壞之體，則超凡入聖，上乘可登。若云敵人不懼，尤其小焉者也。

陰陽入扶論

練形不外陰陽。陰陽不明，從何練起。仙經之督脈，行於背之當中，統領諸陽經；任脈行於腹之當中，統領諸陰經。故背為陽，腹為陰，二經下交會陰，上會齦交，一南一北，如子午相對，又如坎卦居北之正中，離卦居南之正中，一定不易也。

俯勢為陰勢，卻是入陽氣，益督脈，領諸陽經之氣，盡歸於上之前也。仰勢為陽勢，卻是入陰氣，益任脈，領諸陰經之氣，盡歸於上之後也。

入陽附陰入陰附陽說

以背為陽，太俯而曲，則督脈交任，過陽入陰，陽與陰附合也。腹為陰，太仰而彎，則任脈交督，過陰入陽，陰與陽附合也。陰催陽，陽催陰，循環無端，凡觔斗旋轉勢用之。

入陽扶陰入陰扶陽說

以俯勢入陽氣，不將陰氣扶起，則偏於陽，必有領拉前栽之患。仰勢入陰氣，不將陽氣扶起，則偏於陰，必有掀推後倒之憂。故俯勢出者，落點疾還之以仰勢，使無偏於陽也；仰勢出者，落點疾還之以俯勢，使無偏於陰也。陰來陽逆，陽來陰逆，不偏不倚，無過不及，落點還元，即是

此法。推而至於屈者還以伸，伸者還之以屈；高者還之以低，低者還之以高；側者還之以正，正者還之以側，以及斜歪紐縹，旋轉來往，無不皆然。逐勢練去，則陰陽交結，自有得心應手之妙，永無失著矣。

陰陽併入陰陽並扶說

此側歪勢也。側勢陰陽各居其半，故左勢側者，右邊之陰陽併入，以左邊之陰陽並扶之；右勢側者，左邊之陰陽併入，以右邊之陰陽並扶之。

陰陽分入陰陽分扶說

此平膊開合勢也。開胸合背者，陰氣分入陽分。開背合胸者，陽氣分入陰分。勢分兩邊，故氣從中劈開，分入分扶之。

一校

陰陽旋入陰陽旋扶說

此平輪勢、紐縹勢、搖晃勢也。勢旋轉而不停，氣亦隨之而不息。陰入陽分，陽入陰分，接續連綿，並無休歇，右旋左旋，陰陽旋相入扶也。

陰陽斜偏十字入扶說

此斜偏側身俯仰勢也。左斜俯勢，陽氣自脊右下提於脊左上，斜入左前陰分。右斜俯勢，陽氣自脊左下提於脊右上，斜入右前陰分。斜劈斜邀手用此。左斜仰勢，陰氣自腹右下提於腹左上，斜入左後陽分。右斜仰勢，陰氣自腹左下提於腹右上，斜入右後陽分。斜擢提手用此。

陰入陰扶陽入陽扶說

此直起直前，不偏不倚勢也。直身正勢，陽氣不得入於陰分，陰氣不得入於陽分，各歸本位。上至百會穴而交，下至湧泉穴而聚，陰陽入扶，只在兩頭也。

陰陽亂點入扶說

此醉形勢也。醉形者，忽前忽後，忽仰忽俯，忽進忽退，忽斜忽正，勢無定形。氣亦隨之為入扶也，但亂之中隨時而布，陰陽不相悖謬，亂而卻不亂也。

以上總論一身之大陰陽，其入其扶如此。至於手背為陽，膊外為陽，三陽經行於手膊之外也。

手太陽經起於手小指之背，手少陽經起於無名指背，手陽明經起於手食指背，皆上循膊外而走也。

手心為陰，膊內為陰，三陰經行於手之內。

手太陰經止於手大指內側，手厥陰經止於手中指內面，手少陰經止於手小指內面，皆循膊內而行也。

足背為陽，腿外為陽，三陽經行於足腿之外。

足太陽經止於足小指內之次指背，足少陽經止於足大指內之次指背，足陽明經止於中指內之次指背，三經皆循腿而止於指背。

足心為陰，腿內為陰，三陰經行於足腿之內。

足太陰經起於足大指內側下，足厥陰經起於足大指內側上，足少陰經起於足小指，過足心湧泉穴，三經皆循腿內。

其腳尖之伸蹺顛踏，膝胯之屈伸提落，雖用法無窮，而陰陽之入，自

有一定。

形合，則氣不牽扯。形不合，則氣必濡滯。逐處體驗，無遺纖屑為妙。

卷二

陰陽轉結論

天地之道，不外陰陽，陰陽轉結，出自天然。故靜極而動，陽繼乎陰也。動極而靜，陰承乎陽也。推而至於四時，秋冬之後，續以春夏，收藏極而發生隨之。春夏之後，接以秋冬，發生極而收藏隨之。陰必轉陽，陽必轉陰，乃造化之生成，故能生生不窮，無有止息。

人稟天地之氣以生，乃一小天地。其勢一陰一陽，轉結承接，顧可不論哉？故高者為陽，低者為陰；仰者為陽，俯者為陰；伸者為陽，屈者為陰；動者為陽，靜者為陰；正者為陽，側者為陰。

勢高者必落之低，陽轉乎陰也。若高而更高，無可高也，勢必不連，氣必不續。

勢低者，必起之以高，陰轉乎陽也。若低而更低，無可低也，勢必不連，氣必不續。俯仰屈伸，動靜側正，無不皆然。

間有陰復轉陰，陽復轉陽者，此一氣不盡，復催一氣以足之也。非陰盡轉乎陰，陽盡轉乎陽也。明乎此。轉關有一定之勢，接落有一定之氣。無悖謬，無牽扯矣。蓋勢之滑快，氣之流利，中無間斷也。一有間斷，則必另起爐灶，是求快而反遲，求利而反鈍也。

三尖為氣之綱領論

凡事專一則治，以其有主宰，有統帥。雖有千頭萬緒之多，而約之總歸一轍也。如行軍有主帥之運籌，治家有家長之規矩，方同心協力，於事有濟。練形煉氣，動關性命，其氣之統領，氣之歸著，可不究哉？

頭為諸體之會，領一身之氣，頭不合，則一身之氣不入矣。如俯勢而頭仰，則陽氣不入矣。仰勢而頭俯，則陰氣不入矣。左側俯勢而頭反右

歪，則右半之陰陽不入。右側俯勢而頭反左歪，則左半之陰陽不入。側仰勢亦然。直起勢頭反縮，則下氣不得上升。直落勢頭反頂，則上氣不得下降。旋轉而右，頭反左顧，則氣不得右入。旋轉而左，頭反右顧，則氣不得左入。

三陰止於手之內，三陽起於手之背，為臂臑血氣之道路。指法之屈伸聚散，手腕之俯仰伸翹，一有不合，則膊氣不入矣。

如平陽手直出者，而反掌勾手，氣亦不入。

平陰手直出者，而反掌勾手，氣亦不入。陰手下栽者，掌翹，則陽氣不入。陽手上沖者，掌翹，則陰氣亦不入。

平陰手前蕩者，腕勾，則陰氣不入。平陽手栽打者，腕勾，則陰氣亦不入。

側手直打者，跌手，則氣不入。側手沉入者，翹手，則氣亦不入。餘可類推。

三陽止於足之背，三陰起於足之下，為腿胯往來血氣之道路。一足之尖根楞掌，腳脖之伸翹內外，一有不合，則身氣不入矣。如仰勢踢腳，若尖伸，則陽氣不入。俯勢栽腳，若尖翹，則陰氣不入。起勢直攛，若尖伸，則氣不得上升。落勢下墜，若尖翹，則氣不得下降。

三尖照論

練形不外動靜，動則氣擎不散，靜如山岳難搖，方能來去無著。每見俗學，動靜俱不穩妥，蓋未究三尖之照與不照也。

三尖照，則無東斜西歪之患。三尖不照，則此牽彼扯，必有搖晃之失。如十字左腳前右手前者，右手正照左腳尖，頭照右手，則中下一線，不歪不斜，必穩。

側身右腳前右手前順勢者，頭照右手，右手照右腳。餘仿此。

三尖到論

三尖到者，動靜一齊俱到也。不此先彼後，不此速彼遲，互有牽扯而不到也。蓋氣之著人，落點雖只一尖，而惟一尖之氣則在全體。一尖不到，即有牽扯，身氣不入矣，自練不靈快，摧人不堅剛，皆是此失。

凡練形者，須刻刻留意此三處，方為合竅。

十二節屈伸往來落氣內外上下前後論

三尖為氣之領袖，乃氣所歸著之處。人但知此三處宜堅實猛勇，不知落點宜全體堅硬如石，方能不懼人之衝突，不慮我之不敵也。

其所以堅硬者，則在逐處之骨節。骨節者，空隙也，乃人身之谿谷，為神明之所流注。此處精神填實，則如鐵如鋼，屈之不能伸，伸之不能屈，氣力方全。

手有肩肘腕三節，腿有胯膝腳脖三節，左右相併，共十二節，乃人身之大骨節。手之能握，足之能步，全賴乎此。如石砂袋，逐層填實，雖軟物可使之堅硬。但氣落隨勢，有前後內外上下之分。如側身直勢，雙手前攉者，肘心氣填於上，手腕氣翹於上，肩俱脫，膝前彎後凸，氣填於後，腳脖伸展；氣填於前，胯俱內收，氣頂於內。

側身雙手下劈者，肘心氣填於前，手腕氣榨於下，前肩脫下，後肩提起，前膝曲頂膝蓋，腳脖撅填脖，後胯屈，後膝伸，外側腳脖伸蹈，外側顛提，胯提。正身前撲，雙手側豎前打，肘心氣填於中，手腕氣實於外，肩俱脫，膝蓋前頂，氣實於前，腳脖屈握；氣頂於後，胯屈握。小四平兩

手平托，肘心氣填於上，手腕氣填於內，肩俱脫，膝分擺，氣實外側，腳脖內側著力，外擺開。餘可類推。

過氣論

落點堅硬，猛勇莫敵，賴全身之氣，盡榨一處也。然有用之而氣不去，氣去而牽扯不利，未知過氣之法也。

蓋人身之氣發於命門，氣之源也，著於四末，氣之注也，而流行之道路，總要無壅滯，無牽扯，方能來去流利，捷便莫測。

故上氣在下，欲入下莫牽其下。下氣在上，欲入上勿滯其上。前氣在後，順其後而前自入。後氣在前，理其前而後自去。左氣在右，留意於右。右氣在左，留意於左。如直撞手，入氣於前，不勒後手。撐後肘，氣不得自背而入。上沖手，下手不插，肩不下脫，氣不得自脇而上升。

分擺者，胸不開，則氣不得入於後。

合抱者，胸不閉，則氣不得裹於前。

直起者，須勾其腳。

直落者，須縮其頂。左手氣在右腳，右手氣在左腳。俯勢，栽勢，前探勢，掀其後腳之根也。

墜落者，坐其臂。

舉勢者，顛其足。栽磕莫翹其足，恐上頂也。蹄撩勿伸其腳，慮下扯也。擴而充之，勢勢皆然。

總之氣之落也，歸著一處；氣之來也，不自一處，惟疏其源，通其流，則道路滑利，自不至步步為營，有牽扯不前之患矣。

剛柔相濟論

勢無三點不落，氣無三盡不盡，此陰轉陰中間一陽，陽轉陽中間一陰之謂也。蓋落處盡處是氣聚血凝止歸之所，宜用剛法。而間陽間陰，是氣血流利，宜用柔法。不達乎此，純用剛法，則氣鋪滿身，牽拉不利，落點必不勇猛。

純用柔法，則氣散不聚，無有歸著，落點亦不堅硬。應剛而柔，則氣聚不聚。應柔而剛，則氣散不散。皆不得相濟之妙。故善用剛柔者，如蜻蜓點水，一沾即起。過氣如風輪，旋轉滾走不停，必如是，則剛柔得宜，方能無氣欠不實，澀滯不利之患。

面部五行論

怒動肝兮聲動心，鼻縱氣促發肺金，唇吻開撮振脾氣，眉皺睛注腎中尋。五行之氣，內合五臟：肝合木，心合火，脾合土，肺合金，腎合水；外通七竅：目為肝之竅，耳為腎之竅，口為脾之竅，鼻為肺之竅，舌為心之竅。其精華注於目，其五色分於五岳。

額顱為南岳，色赤；地閣為北岳，色黑；左顴為東岳，色青；右顴為西岳，色白；鼻準為中岳，色黃。

又眉側生屬肝木；鼻通清氣屬肺金；眼聚精華屬腎水；舌司聲音，發自丹田，屬心火；唇司容納，屬脾土。凡一動之間，勢不外屈伸，氣不外收放。面上五行形象，亦必隨之相合，方得氣勢相兼之妙。

故收束勢者，氣自肢節收束中宮，面上眉必皺，眼包收，鼻必縱，唇

必撮，氣必吸，聲必噎，此內氣收而形象聚也。

展脫勢者，氣自中宮發於肢節，面上眉必舒，眼必突，鼻必展，唇必開，氣必呼，聲必呵，此內氣放而外像開也。

留心熟練，內氣隨外，外形合內，內外如一，堅硬如石，方用引法。初以手拍之，次以拳打之，末以石袋木棒擊之。由輕而重，漸引漸實，自不慮面上無氣矣。

俗學不悟，謂故作神頭臉，怪模怪樣以驚人，豈通元達理之士哉？

咽肉變色論

此煉氣煉到成處，真元充足，由內達外，氣聚血凝，結成一塊之候也。人之生也，稟賦雖一，而得氣則殊，以五行有五性五形五色之同也。

故稟木氣而生者，其形瘦而長，其性多怒，其色蒼。

稟火氣而生者，其形尖而削，其性多喜，其色赤。

稟土氣而生者，其形短而厚，其性多鬱，其色黃。

稟金氣而生者，其形白而美，其性多悲，其色白。

稟水氣而生者，其形肥而潤，其性多恐，其色黑。

煉氣練到至處盡處，無以復加，則功成圓滿，真氣充足。氣一收結，氣止血聚。血者，華色也，氣血不行，肌膚隨氣，收貼於骨，五形真氣，盡現於外，各隨所稟以呈，乃有青黑赤白黃五樣顏色。其有一人而五色兼見者，此五氣兼稟，而色故雜見也。有遍體其冷如冰者，此真陽盡收中宮，而不達外也。明此，則知肉之咽也。隨氣而來，色之變也，隨氣而化，出於天然，無幻術也。

聚精會神氣力淵源論

神者，氣之靈明也，是神化於氣，氣無精不化，是氣又化於精矣。

蓋人之生也，稟先天之神以化氣，積氣以化精，以成此形體。既生以後，賴後天水穀之津液以化精，積氣以化神，結於丹鼎，會於黃庭，靈明不測，剛勇莫敵，為內丹之至寶，氣力之根本也。

故氣無形，屬陽，而化於神。血有質，屬陰，而化於精。神虛，故靈明不測，變化無窮。精實，故充塞凝聚，堅硬莫敵。神必借精，精必附神，精神合一，氣力乃成。

夫乃知氣力者，即精神能勝物之謂也。無精神，則無氣力矣。武備知此，惟務聚精會神，以壯氣力，但不知精何以聚，神何以會，是殫畢生之心力，而漫無適從也，豈知神以氣會，精以神聚。欲求精聚神會，非聚氣不能也。

聚之之法，惟將穀道一撮，玉莖一收，使在下之氣，盡提於上，而不下走；採天地之氣，盡力一吸，使在上之氣，盡歸於下，而不上散，下上凝合，團聚中宮，則氣聚而精凝，精凝而神會，自然由內達外，無處不堅硬矣，即南林處女所謂內實精神之說也。但須練之於平日，早成根蒂，方能用之當前，無不堅實。

不然，如炮中無硝磺，弩弓無弦箭，滿腔空洞，無物可發，欲求勇猛疾快，如海傾山倒，勢不可遏，必不能也。此練形煉氣之最緊者，謹之秘之，切勿妄泄，以遭天譴。

行氣論

此交手認路法也。手一出，氣著一面，不能四面俱著。力直出者無橫

力，我截其橫；橫出者無直力，我截其直；上出者無下力，我挑其下；下劈者無上力，我打其上，斜正屈伸，無不皆然，此搗虛之法，攻其無備也。

我出手，他若用此法，我不回手，惟轉手頭催二氣以打之。他再變，我再轉手頭催三氣以打之。此埋伏之法，出其不意，但須估其行氣，方能入彀。蓋彼氣方來，其氣未停，我乘而催之，則可東可西，無不左右逢其源。其機只在一動，他動我即動，他自不暇為力，若待他不動我方動，他反乘我之行氣矣。其間不容毫髮，學者宜留心。

任他勇猛氣總偏，此有彼無是天然。直截橫兮橫截直，一氣催二三催三。由他滑快歸遠路，守我安逸自黏連。為問是何來妙訣，只在行氣一動間。

點氣論

似夢地著驚，似悟道忽惺，似皮膚無意燃火星，似寒侵膆打戰悚。想情景，疾快猛，原來真氣橫濃。震雷迅發，離火煙烘，俗學不悟元中竅，丟卻別尋那得醒。

此著人肌膚，堅硬莫敵，而深入骨髓，截斷榮衛，則在乎氣。氣之所著，未有不痛，痛則不通，理應然也。

能隔氣血之道路，使不接續，壅塞氣血之運轉，使不流通，可以分骨截筋，斃性命於傾刻，氣之為用大矣哉。

但須明其聚，知其發，神其用，方能入彀。如射之中的，正形體，不偏不倚。如矢之端直，鏃羽匀停，聚中氣，神凝氣充。如開弓弛張，方圓勒滿，而中的之神勇，可穿楊葉，可透七札，乃在撒放之靈不靈也。

故氣發如炮之燃火，弩之離弦，陡然而至。熟玩此詞，自然有得心應手之妙，切勿間語略過。

余謂此精神之至極，不為異也。蓋神之所注，氣即聚焉，氣之所聚，神亦凝焉。神氣凝聚，象即生焉，象之所麗，跡即著焉。生者之神氣動乎此，亡者之神氣應乎彼，兩相翕合，遂結此形，故曰緣心生象，又曰至誠則金石為斷也。

得門而入論

語云：活有外門，非外門及門外也。蓋拳之催人，必近其身，方能跌出。如物之藏室，不得其門而入，縱有神手，不能為也。手之門有三，手腕一也，此大門也；肘心二也，此進一層外二門也；膀根三也，此更進一層三門也，進此三門，已近內院，可以升堂入室矣。

故交手只在手腕者，則屈伸往來，任意變化，無窮無盡，手捷者先得，手慢者吃虧，終不能催人，一點即倒。著意肘心者，雖進一層，亦有變化，不能操必勝之權。唯一眼注定他之膊根，不論他先著手，我先出手，只在此處留心，邀住他手，粘連不離，隨我變化，任意揮使，無不如意，他自不能逃我範圍。

頭手二手前後手論

外門入手相交，多失著者，以其有十失，故不能取勝。未交手不能聚氣於未然，空腔無物，氣發不疾不猛，其一失也；不知二手擱胸下，以顧上下衝擊，二失也；未交手先擱勢，空隙顯然，三失也；閃勢而進，不敢直進，舍近就遠，勞而不逸，四失也；進必上步，橫身換勢，寬而不秀，五失也；交手只在手腕，不知近身，六失也；放過頭手不打，七失也；二

手敕住還不打，八失也；三手四手方才沖打，九失也；躲閃隔位，粘連不住，十失也。有此十失，交手焉能不敗？

未交手即聚氣凝神，兩手交擱胸下，看他那腳在前，即貼近那邊身子，著意他膊根，制住他膊根，此閃門之法。以待他之動靜，我先出手，照他膊根一伸，頭手即得，不俟二手。他先出手，我亦照住他膊根即得，不必顧住他手，然後沖打，則遲而有變矣。蓋此法乃開寸離尺之巧，照他膊根，此地開一寸，則手梢離一尺矣。

又截氣搗虛之妙，所謂出其不意，攻其無備，疾雷不及掩耳者，此也。或遇捷手退晃打，我不換手，不屈膊，催二氣以打之。我擊打他左，他退左進右，我不回手，挪打他左膊根，蓋我在圈內，他在圈外，我以逸他以勞，任他滑快，無不奇中。此前出手而前手打之秘訣。間亦有繼以後手，此用所當用，非強用也。若不當用而用，則動必橫身，每見用此而迎人之打者，蓋未見其有此失也。

論　頭

頭圓像天，為諸陽之會，為精髓之海，為督任交會之處，統領一身之氣，陰陽入扶，全視乎此。此處合，則一身之氣俱入。此處不合，則一身之氣俱失。其氣之結聚落點，有一定之處，不可不知。

正俯勢為入陽氣，頭必俯而栽，氣落額顱印堂間。

正仰勢為入陰氣，頭必仰而掀，氣落腦後風府間。正側勢為陰陽氣俱入，頭必側而栽，氣落頭角耳上邊。

斜側俯勢為陰陽氣斜入，頭必俯而歪，氣落額角日月間。

直起勢不偏不斜，不俯不仰，為陰陽氣直入，鼻必正而直，氣落百會正頂心。

又要知催氣之法，乃不牽扯。如仰勢入陰氣，下頦掀，胸必昂，腹必

鼓，手必舉，足必蹺，則三尖一氣，陰氣自入矣。

俯勢入陽氣，下頦勾，背必弓，手必落，腳跟掀，則三尖一氣，陽氣自入矣。

側勢陰陽齊入，腮必掀，肋必提，一腳顛，一腳落，一膊起，一膊插，則三尖一氣，陰陽並入矣。

直起勢陰陽上沖，頭必頂，肩必聳，腳起縱者，翹必提膝，不起縱提膝者，顛尖伸膝，則三尖一氣，陰陽俱入矣，側斜俯仰，可以類推。

論足

古人云：頭圓像天，足方像地。又云：手有覆有反，以像天。足有覆無反，以像地，能載一身之重，靜如山岳，有磐石之穩；動如舟楫，無傾仄之憂，如地之鎮靜而不動，平穩而難搖也。其用法有虛實，有兩腳一虛一實者；有兩腳前虛而後實，後虛而前實者；有左虛而右實者，右虛而左實者；有一腳之尖根楞掌，應虛而應實者。

總之不實則不穩，全實則動移不利，而有傾倒之患；不虛則不靈，全虛則輕浮不穩而有搖晃之憂，虛實相濟，方得自然之妙。

足有伸蹺，足尖伸而下入者，氣下降而沉栽也。足尖蹺而上勾者，氣上升而浮飄也。有橫順，有兩腳齊橫者，有兩腳齊順者。有丁字步，一腳橫，一腳順。有八字步，兩腳微往外開，如八字樣也。有雁行步，兩腳半橫半順，排列一樣，如雁行之齊也。有輪擺，輪有半旋輪、側栽車輪、俯仰無底觔斗輪。

擺有外擺、內擺。有灑蹬，灑腳後伸，蹬腳前盡。有踢跺，踢腳前蹺，跺腳橫截。有擰搗，擰腳尖旋，搗腳跟蹺，能催送一身之氣，身去腳不去，則牽扯而氣散，何以扶助前手之力。前手之氣在後腳，後腳不隨，身氣不入，終只半勒，氣不充滿。足為百骸之舟楫，一身之領袖，少有不

合，全體之氣俱不入矣。

步法之用，不可不細為區別。側勢前撲者，雁行步，半斜半順也。十字步前探者，丁字步前微橫，後全順也。倒吊曳身者，亦丁字步，前步後橫，後步顛順也。小四平墜落者，八字步尖往外開。直身上竄者，雙顛步並齊展，腳背尖直豎也。起縱步一腳起一腳落，前進者，後步先動，後退者，前步先動。起要蹺腳尖，落要伸腳尖，擠步側身前進者，俱橫步。擠步正身進者，前步微橫後全順，俱是後步先動，擠步前進，後催前也。搶步仄身前進者，俱橫步。搶步正身前進者，前步橫，後步順，俱是前步先動。搶進攛後，前帶後也。拉身側身後退者，兩腳俱橫。拉步側身後退者，前步橫，後步順，俱是後步先退，將前步扯回也。起縱橫剪者，左剪先動右步，右剪先動左步，起蹺腳尖，落伸腳尖也。

亂點無定步，兩腳尖驚點任意也。紐縹步，輪旋腳俱顛，落點外楞著力。推我後退，兩腳尖顛擎；推我不倒，外摟前栽。弓背磕頭，兩腳齊顛，硬膝退剪，車輪腳伸尖直腿，不可勾腳以退，氣平倘步，兩腳猛踢，平身直竄。略舉大概以明變化，總之以隨勢為妙，不乖其勢，不逆其氣，步法之用，斯得之矣。

論　手

吳氏澄曰：手有五指，指有三節，而大指一節，隱於大指之內，象太極也，共十五節，兩手合數，共三十節，以象一月三十日。日冬短夏長，春秋平，故中指屬心，主夏，獨長，火也。小指屬腎，主冬，獨短，水也。食指屬肝，主春木。無名指屬肺，主秋金。二指等齊，春秋平也。大指屬脾，主土，旺於四時，兼乎四德，獨當一面，故四缺其一二，尚能持物，若無大指，則無用矣。

其相合之妙，不假借，不強制，自有天然之巧。其指法，研手，氣落

小指外側；蕩手，氣落後掌。此二手五指並排一片，指尖翻翹，餘手俱宜五指圈撒，羅列周圍，指節勾握如弓，氣方擎聚不散。

如豎敵手，回勾手，大指與小指相對領氣，水必合土，天一生水，得地之五而成六也。平陰手，平陽手，大指與中指相對領氣，火必合土，地二生火，得天之五而成七也。仰邀手，大指與食指相對領氣，木必合土，天三生水，得地之五，而成八也。陰掤手，大指與無名指相對領氣，金必合土，地四生金，得天之五，而成九也。是金木水火一無土之不可也，知此，則指相合有一定不易之理也。分毫有錯，氣即不入矣。

至於用法，則有九則，直出直回，一也；仰上擢挑，二也；俯下沉栽，三也；外勾外擺，四也；內勾抱摟，五也；斜擢右上，六也；斜劈左下，七也；斜領左上，八也；斜捽右下，九也。四正四隅，兼以直出中路，又合乎九宮焉。

論　拳

拳者，屈而不伸，握固其指，團聚其氣。其搯法，以大指尖搯對食指第三節橫紋，四指捲緊握固，一齊著力，必使分之不開，擊之不散，方為合竅，此乃土貫四德，五行團聚之法也。

其用法亦有四正四隅，合之中宮九法，其氣亦非鋪滿身，落點有一定之處，隨勢體驗，不可混施。

如平陰拳下栽者，中指二節領氣。平陽拳上沖者，中指根節領氣。側拳上挑者，大指二節領氣。側拳下劈者，小指根節領氣。不拘側平直沖，小指根節二節中間平面領氣。明乎此，餘可以類推矣。

卷 三

拳法淵源序

夫拳者，蓋非神出鬼沒之勢也。凡人自有生以來，三週未過，閑玩時，即能側正俯仰，高低伸屈，平踏亂顛，進退蹬踢，各樣等勢，往往帶出，惜未能聯貫以充之耳。

余自從師四十餘年，屢屢時驗，微開茅塞，遐想隱隱相合，方知書言「子歸而求之，有餘師」信不誤矣。余今同志多人，從余學習，故明言以書之，令其易入。今將打法，開列於後，以此為序。

合煉中二十四勢

合煉之法，為練形第五層功夫，乃形氣合一，成功之法也。其中起落高低，側正俯仰，斜歪紐縹，各有一定之法，統其勢，則有七十二，以應七十二候；充其勢，則有三百六十，以應三百六十五度。三百六十，繁而難演，惟撮其要而為七十二，又分而三之，則有上中下各二十四以應二十四氣。上二十四勢，起縱飛舞也。下二十四勢，地盤滾伏也。中二十四勢，不起縱，不地盤，中平之勢也。蓋人稟天地陰陽之氣以生，其升其降，自高而低，高而復低，三才分配，自然之理。但起縱地盤，初學不能驟習，惟此中二十四勢，雖不能盡中勢之變，然從此入手，可為初學階梯，習之殊覺易易，如式練成，再將上下四十八勢練熟，則奇正變化，自然生生不窮，又何必多記套數，以為歲月之累。

前此練腿，練膊，練手，練足，練頭，練肩，練肘，練身，煉內氣，煉引氣，煉元氣諸說，皆是分練之法。至於頭手腳如何合法，勢已轉接；如何連法，宜剛宜柔；如何用法，不經此番講究，此番磨煉，則三尖不照，落不穩當；三尖不到，此前彼後；陰陽舛錯，氣不接續；剛柔顛倒，

牽上拉下，欲求穩如泰山，捷若狡兔，必不能也。蓋形以寓氣，氣以催形，形合者氣自利，氣利者形自捷，非兩事不假借也。

練之之法，勢勢窮，則三尖配合；動靜驗，則三尖畢集。陰轉陽，陽轉陰，勿隔位而另起爐灶。柔過氣，剛落點，須相濟而莫失倫次。上氣在下，下氣在上，詳其牽拉。前氣在後，後氣在前，理其阻滯。勢無三點不落（頭手腳），必三點方落點。

氣無三催不至，不至三催莫出手（心氣神）。殺勢審其變化，救勢詳其周密。如是練去，熟極巧生，不失規矩；神而明之，存乎其人。而世之練形者，不明此為最後成功練法，入手使用，又不洞晰此中詳細，以至倒行逆施，用力多而成功少，豈知此番講究，乃內丹根基，為天地所珍秘，非其人不傳，非其時不傳，非其地不傳。

得吾道者，大可以返本還源，超脫飛升；小可以強筋健骨，卻病延年，非僅劈堅破銳，成此技藝而已也。

凡我同志，宜謹之慎之，珍之秘之，勿致妄泄匪人，庶不至獲罪天譴，有負授者苦心。

練形合氣，煉氣歸神，煉神還虛。形者，手足官骸也；氣者，陰陽周流也；神者，心之靈妙，觸而即發，感而隨通也；虛者，無極也。陰陽本太極，太極本無極，至無而含天地之至有，至虛而含天地之至實，不參色相，不著蹄筌，以跡求之，則失矣。始不著力，方能引出自然之力，且可便於轉換，不至發難。

此說二十四字頭一勢，此二十四字，只是一個氣，每勢必有氣，皆管此二十四字，但用去隨應變有差別耳。二十四勢，皆是納氣之法，納氣頭面形容之說，凡納氣皆以頭面為先，其要只是轉四個圈，左往右，轉一圈；右往左，轉一圈；前往後，轉一圈；後往前，轉一圈，皆是皺眉促鼻，上唇後束，下唇前朝，如象捲鼻之狀，所云納氣如吞川是也。蓋必如以口吞物，盡力一吸，氣方納得充實飽滿。前後左右四圈因勢之自然，一

勢只有一圈，非每一勢皆有四個圈。

養氣論

夫氣者，上通九天，下通九淵，中橫九州，無處不有，無處不貫，密之在一心，充之周一身，發之有道，約須得訣。六腑雖主氣，而氣盡發於五臟。五臟雖約氣，而氣還出於六腑。六腑何在？在乎上。五臟何在？在乎下。上下之中為何物，一曰黃房，二曰元關，三曰太極室，四曰道之樞紐。充於上為天關（乾南為首），極於下為地軸（坤北）。天關出月窟，地軸發天根，天根月窟間來往，三十六宮都是春。

氣之發也，若水之流，一呼千里，一吸千里，妙在盡心。氣之斂也，入於神室（即黃房），其硬若金丹，其圓若走珠，其方必中矩。其發於頭也，有五行之分，其中於身也，有陰陽之殊，五行須隨陰陽（陰陽交也），陰陽還自一氣，成至大至剛，天地不能容，所謂道通天地有形外，即此是者也。

此書所言煉氣，皆外壯法。若內壯，在易筋經。初學莫言煉氣，先將身法步眼比清。又不可使力，須因勢之自然，徐徐輪舞，務將外形安放一家，再令輕活圓熟，轉關停頓，操縱開合，一一如式，勢勢展施，將筋節骨骸，處處鬆開方得，每日約得百遍。

上在離，下在坎，離中虛，在頂際為陰。又坎中滿，在命門為陽。中宮在臍下為黃房，陰陽交會之處。心為君火，命門為相火，君火動，相火隨之；君火為主，相火輔之。火即肝氣，陽也。坎宮之陽氣，由後而過於前，自下而升於上。離宮之陰氣，自上而降於下，二氣相交於中宮，則氣聚矣，氣聚則力生矣。

煉氣訣

氣以心為體（氣必隨心），心以氣為用（心能運氣）。五行本一心，陰陽無偏重。上下周一身，部位各不同。前陰而後陽，仰輕而俯重。陰還陰處結，陽還陽處動。上本是陰始（即離宮），下卻是陽充（即坎宮）。上下凝乎中，中氣甚堅硬。周上沖乎天，周下勢如山。左歸須右轉，右歸須左牽。前進若流水，上打如舉山。落點似飛石，機發離弩弦。氣發若風聲，氣納如吞川。前奔星趕月，後退如蓬轉。指須勾連用，兩肩如運鉗。上下一氣結，民富國自安。曉得此中訣，煉之自無難。

凡一身之進退動靜，以心為主，心君也，出令者也。心無形，惟無形，故能形形而不形於形，以意知者也。以命門為輔，命門氣之所從生，乃一身樞紐，宰相也，傳君之令也。

以頭倡率手足，頭為眾臣之主事者，為總督元帥，欽差大臣之類，皆是也。手足庶尹百執事之類是也。故每一勢之操縱收發，心先，命門為次，頭又次之，手足則次而又次之。神動天隨，純任自然，若一矯揉造作，則鑿矣。操縱在手，變化從心，隨機而動，人力不與。

納　氣

頭面往上揚，則咽喉之氣易入。口上唇往上微縮，下唇往前朝，如象捲鼻。兩小眼角兩脈往下抱，至兩口角止。脊後之脈，自腰而上，從頂際過來，至上口唇止，前心自下直上，至下口唇止。

納氣之形，只是四個圈，由左向右轉一圈，右向左轉一圈，由下往上轉一圈，由上往下轉一圈，頭面之形如此，總因捶勢用之。

中氣

氣由腎發，自後而前，由襠中過來，自下而直往上沖，必須下閉穀道，氣方不下泄。至氣上沖至胸上，幾乎欲出矣，必須用口盡力一吸，上閉咽喉，氣由上而直下，至丹田。兩肩一塌，兩肘一沉，兩脇一束，氣自擎于中宮，不至胸中無物矣。吸氣即所謂納氣如吞川也，氣須在身正中，直上直下，只可以意知之，以神會之。若必執而求其模樣若何，形跡若何，則鑿矣，摸矣，不惟無功，而且得病不輕。

論外形

頭為一身之領袖，身使臂，臂使指，而命門乃一身之樞也。頭似蜻蜓點水；拳似山羊抵頭；腰如雞鳴捲尾，捲則氣由後往前收而不散；腳似紫燕入林；襠口前開後合，中間圓。

咽頂百會穴在頂，湧泉穴在足心，會陰穴在二便之間。百會氣往下榨，湧泉氣往上提，會陰氣擎住一身，上下之氣，皆收入中宮，是之為合。

大小勢說

合勢不嫌其小，欲氣合得足也。開勢不嫌其大，欲力發得出也。非徒長身為大，屈身為小。

力是自然之力，故初學必以不著力為是。

論用功

起勢時氣要鬆活，氣要擎而不硬，落點方一齊著盡，使盡平生氣力，始得剛柔相濟之妙。

按盡者，回環之後，再將骨肉往一處一盡，是盡向裏面，此則似盡向外矣。

通身俱要氣擎，頂心往上一領，然後發勢，總之身要擱于兩腿正中，直起直落，方無邪歪不停之病。

腳不可平放，全腳履地，將力用死，致犯轉勢不捷之病。惟用腳尖著地，落點一盡，方無不穩不靈之患。

第一要三尖照，三尖，頭手腳三尖也。其次要氣催三盡，盡者榛也，頭手腳三榛也。

按此說講盡字亦是盡向外，與骨肉一處一盡，似有謬處，再證。

第一用功時兩胳脖俱要柔活，切不可使著力，拳頭要搦得緊，與胳脖平直相對，不可上仰下勾外邪。胳脖來去柔活，方能練到疾快猛地位，不致落於強硬死筋墜裏。

拳頭搦得緊，直對胳脖，方能練得筋法出來，乃粘著人皮時，渾身如打電形象。怒力一𨇾，三尖照落，方能打得結實著筋，而人難招架矣。若拳頭上仰如抬頭狀，下勾如提勾形，外邪如扭頂樣，不惟力用不出，打人不著重，落到人身，必致損傷自己手脖，而難用功矣。

攢骨節者，前骨節往後攢，後骨節往前攢，上骨節往下攢，下骨節往上攢，所謂合則無處不合也。

回環者，合之半，盡者，小回環。凡拳勢，有直入者，此發勢也。有掄圓圈者，有將手一擰者，皆是回環之意，只以退為進一語盡之。但合在未合手之先，先將自己氣力一振，一聚回環，則即交手之時。所用之勢，

因我身初進，未粘他身，上下必著力發洩，故必須回環以擊其氣。若既近彼身上，即便發勢，恐仍力有未足，故須再加一盡，氣力方勇而人莫當。故學此道者，先掄大圈，漸掄漸小，迨于成時，則有圈而不見圈，純以意知，自不著跡。

借行氣

借行氣者，借人之氣方行而打之也。蓋彼之勢既發，已近我身，尚未落點，我即趁此機會，發我之勢，彼欲退不得，欲攔不及，再無不妙之理。

若稍前，則彼尚可退回，稍後，則我已吃虧，所謂後發先至者此也。如此，則迎機赴節，隨時得宜，不患技之不高矣。諸家所謂將計就計，借力使力，不外此訣，所謂驚戰勢正於此時用之。

奪　氣

聞之，與人交手，先有奪人之氣。夫交手而攔其手，謂之頭門；攔其肘，謂二門；制其膀根，謂之三門。故必出手先制其膀根，是謂登堂入室，探而取之，彼自不能轉手，而縱橫唯我矣。

志曰：攻其不備，出其不意。又曰：其勢險，其節短。又曰：貴神速，以逸待勞。此意須善領會。

靈活之法，無他道謬巧，總由熟而生，由靜而得。

盡者，將落點時，嫌力不足，氣不充，再將骨肉往一處，吃力一盡。如鳥銃，藥既裝入，再用鐵充充瓷，令藥堅實，見火方有力，故曰回轉。他本云：如飛電，當是既盡之後，發勢之時如此，非盡字莫解也。

三氣合為一氣

頭一勢未交手，先聚氣。聚氣者，君火動，相火輔，由腰後而收于前，陽氣從下上沖胸膈，口中納氣，由肺而落，陰氣下降，入于丹田，陰陽相交，所謂肝起肺落者也。此謂一合二勢。渾身俱往前進，下氣再往上沖，口再一納氣，納於臍之上、心之下，上身往下一榨，渾身骨節節節攢住，務令堅實。身子雖猛勇向前，胳脖手俱往後攢，名為迴還。迴還者，半合也。如此，則勢進而氣益聚矣。

蓋渾身向前一撲，手再迴還，骨節自能攢緊，堅于鐵石，此二氣也。臨落點時，仍嫌力有不足，無可迴還，再將骨肉往一處一束，名之曰盡，此謂三氣。譬如炮然，捲得愈緊，則響得愈有力。始用功時，先要學聚，次學迴還，再次學盡。功力熟時，三氣合一，方能有用。合則無處不合，開則無處不開；上為陽，下為陰；靜為陰，動為陽；退為陰，進為陽；氣往上沖為陽，下納為陰；背為陽，腹為陰；出手為陽，回手為陰，不可執一而論。仰為陽，覆為陰，柔過氣，剛落點。

承停擎

天地交合萬物生（陰陽交也，交則力生），不偏不倚氣勻停（而勢不空矣）。千秋萬歲常擎聚，唯有和合一氣通。

肝起肺落

終始萬物春與秋，陰陽升降一氣週，欲明肝起肺落者，只在呼吸個中求（肝木肺金一氣者兩相交也，交于中宮）。

蓋肝屬木，故能生火。肝火動，則氣自下而升于上，陽也（坎宮之陽）。氣者，力之所由生也。而氣力之根源在命門中極，故曰陽氣在下。肺屬金，金尅木，故能約肝氣而使之下降。降者陰也（離宮之陰），故曰陰氣在上。在下之氣發動而不可遏者，陽氣上升也；在上之氣納閉而不使出者，陰氣下降也。二氣相交于中宮，故曰中氣。

老少相隨（隔打一氣不少留停，方謂之隨）

少隨老兮老隨少，老少相隨自然妙。同心合意一齊出（疾疾疾，手快打手遲），哪怕他人多機巧（疾者，後發先至。乘彼之間而動，借其氣之方行，勢之未止，迎機而發，則愈疾愈妙）。

陰陽轉結

陰轉陽兮陽轉陰，陰陽轉結互有根。
欲知陰陽轉結理，還向陰陽轉處尋。

尋氣根源

天地正氣集吾中，盛大流行遍體充。
孟氏所謂浩然者，更有何氣比其能。

五行能司

肝司主持居震東，脾能統攝在中宮。
心主離火神變化，腎能盈滿氣力充。

欲知肺家何所司，分佈節制是其能。
五行妙用真如此，會得呼吸自精通。

中氣歌

莫道嬰姹兩離分，中有黃婆作奇姻。
顛倒交媾黃屋裏，相偎相抱更相親。

頭

頭像天兮卦屬乾，側正俯仰自天然。
少陰少陽皆從此，陰陽入附非等閒。

胯

一胯擎起一胯落，起落高低使用多。
下體樞紐全在此，莫把此地空蹉跎。

手

兩肩垂兮十指連，生尅制化五行全。
敵吃橫推看三至，當面直入是三傳。

足

足履地兮勢如山，點顛平踏自天然。
唯有隨跳與亂點，擎氣多著在腳尖。

肘

兩手垂兮兩肘彎，三請諸葛人難防。
屈可伸兮伸又屈，看來用短勝用長。

膝

肘有尖兮膝有蓋，膝蓋更比肘厲害。
左右勾連一跪倒，金雞獨立法無奈。

平肩

兩肩擎起似運擔，擎氣全在肩骨尖。
前開後合天然妙，雙峰對峙自尊嚴。

仄 肩

一肩高兮一肩低，高高低低不等齊。

低昂遞換多變化，七捞十勢亦出奇。

講出手

內實精神，外示安逸；見之如處女，奮之如猛虎。

得吾道者，以一當百。

講打法

一、凡側正諸勢，宜將身子擱於兩腿中間，三尖照落，不可此前彼後。

二、兩腿不可過寬，兩手不可探遠。過寬則轉身不利，難免傾跌之患；探遠則轉關不靈，下勢不生。

三、打字即如常山蛇勢，打首尾應，打尾首應，打中則首尾俱應。

講點氣

氣未動兮心先動，心既動兮氣即衝。心動一如炮如火，氣至好似弩離弓。學者若會渾元氣，哪怕他人有全功。

莫道點氣零零星，須要全神運在中。如夢裏著驚，如悟道忽醒，如皮膚無意燃火星，如寒慄打戰悚，如雲深就裏打電蹤。急急就裏打戰悚，想情景，疾快猛。

論　打

直出彼掤並攀送，掤插送跺攀用擎。
剛柔相濟如輪轉，恰似無意燃火星。

論　攔

彼擊左兮吾擊右，何須一處苦相求。
豎來橫截勇如電，我承彼沉只用丟。

論手足

出手脫肩裏合肘，左右扶助似水流。
擊動首尾一線起，打法何須掤攀勾。

捷快用法（目不及瞬如炮燃火動）

懈又懈來鬆又鬆，吾氣未動似病翁。

忽然一聲春雷動，千車萬馬把陣衝。

起縱說

工夫總在呼清倒濁，尤在養靜。

打法總訣

彼不動兮我不動，彼欲動兮我先動。

卷四

論初學入手法

大凡初學入手時，兩肩務要鬆活，不可強硬。兩肘務要內連向下，不可外圈。務須腳尖著地，絕不可平放，平放致起腳不利。前腳必須向前順踏實，要腳尖點地，後腳必須斜放，亦不可太實，使全腳履地。

至於頭隨勢轉，陽亦陽勢，陰亦陰勢，不陰不陽，頭亦不陰不陽勢，有斜歪紐縹，頭亦隨之斜歪紐縹。

若兩手之左右屈伸，則因人之勢遠近而用之，實無一定之規矩，總因人手之遠近高低，我手亦隨之高低屈伸。

唯兩腿之曲直，卻有一定規矩，前腿固不可太曲，太曲失於跪膝；又不可太直，太直嫌於直硬。後腿之曲直，全視步法之大小，大步法後腿舒展，力方用得出，小步法後腿曲直，與前腿曲直不大差別。身之俯仰，亦全視步法之大小，大步法身必稍斜向前，半側勢；小步法身須放在兩腿當中，亦必半側勢。

三尖照者，鼻尖手尖腳尖上下一線相照也。三尖到者，眼睛拳頭腳尖不先不後，一齊俱到也。三合者，腳手眼相合也。凡出手要比何勢，打人何處，我眼神所注，手之所打，腳尖所進，須一齊俱進，一齊俱到。

凡打勢不論何勢，欲論開門，無分左右勢，我手腕硬骨處，插人肘前軟肉上，用力劈之，如執斧破柴之狀，將人胳脖劈下，我拳隨之落點，始能得勢，而人不能滑脫。落點情形，頭似蜻蜓點水，拳似山羊抵頭，腳似紫燕入林；落點之理，恰似雲裏打電；發勢之機，好似弩離弓弦。學者潛心用力，方可造入精微之域。

初學莫言煉氣，先將身法步眼比清；又不可使力，須因勢之自然，徐徐輪舞，務將外形安放一家，再令輕活圓熟，轉關停頓，縱開一一如式，勢勢展施，將節節骨骸，處處鬆開，方得為妙。

初學條目

一、學拳宜在靜處用功，不可向人前賣弄精神，誇張技藝，方能鞭策著裏。《論語》云：「百工居肆，以成其事，君子學以致其道。」信然乎。

二、學拳宜鄭重其事，不可視為兒戲，則無苟且粗心之病。

三、學拳宜明其理，傳其神，顧其名，思其形，方能精妙入細。

四、學拳無論偏正反側諸勢，宜將身子擱於兩腿中間，方能穩如泰山，少有歪邪，便是東扭西裂，南倒北疴，豈不蹉跎可笑矣。

五、學拳前腳橫立，大足指心氣宜往內勾；後腳豎立，後跟往外一擰。兩膝相對，既無不牢之病，襠亦護得住了。

六、學拳步法，不可貪遠，恐倉皇失措，不無傾跌。但能跳得高，不愁不遠矣。高字當在遠字之上，遠字當在高字之下，良有以也。

七、學拳左動必右應，右攻必左輔，左右相生，方得陰陽周流之妙。

八、學拳用盡平生之力，方能強壯，如獅子搏象用全力，搏兔亦用全力，則全神畢赴，自無堅之不破矣。若曰：我本無力，不亦已乎。

九、學拳停頓處宜沉著有力，轉關處宜活潑隨機。

十、學拳力要用得出，氣要留得住。用得出，處處如戰；留得住，步步要擎；擎中有戰，戰中有擎；出沒變化，不可物相，物相則非矣。

十一、學拳腳與手合，手與眼合，眼與心合，心與神合，神與氣合，氣與身合，再無不捷妙靈和處。

十二、學拳先以用功為主，一身血氣周流，方能渾元一氣。

十三、學拳宜以德行為先，凡事恭敬謙遜，不與人爭，方是正人君子。

十四、學拳一勢精靈，約得千遍，方能練熟。若不熟練，還是千遍。

十五、學拳宜以涵養為本，舉動間要心平氣和，善氣迎人，方免災殃。

十六、學拳不可令腐儒輩知，一知之，便自引經道古，說出多少執謬無干話頭，反惹人心生嗔。謹避之可也，密藏之可也。

十七、學拳不可輕與暴虐人比試，輕則以為學藝不高，重則觸其惱怒。見時以奉承為主，不可貶刺，則彼心悅意解，彼亦樂推戴我矣。

十八、學拳不可輕泄於人，更不可妄傳於人。輕泄於人，則道聽塗說，必然不肯用心；而妄傳於人，則匪類生事，定是不得脫身。

十九、學拳初時宜整頓身法，講究步眼，不可說先記住大概，熟時仔細再正，再正則終不正矣。《易》曰：「蒙以養正，聖功也。」

二十、學拳宜作正大事情，不可恃藝為非，以致損行敗德，辱身喪命。陰符曰：「君子得之固躬，小人得之喪命，可不慎與。」

二十一、學拳宜人端方，簡默少言；以豪傑自命，以聖賢為法，方能明哲保身。

二十二、學拳宜心領神會，博聞廣見。凡人所不知者，我必知之；凡人所不能者，我必能也。審端則竟委，聲入則心通，如此方可做人師。

二十三、學拳宜專心致志，殫心竭力，方能日進一日。若浮光掠影，揚揚自然，視為已成，而不知早見棄于大雅也。子曰：「其為人也，發憤忘食。樂以忘憂，不知老之將至云爾。」味深哉！

二十四、學拳先看二十四正勢，再看一套偏勢，正以立其體，偏以行其用，偏正相濟，體用兼全，不憂武藝不高人矣。

二十五、學拳不拘老幼，不怕闇昧，只盡得心，捨得力，不成不休矣。夫子曰：人一能之己百之，人十能之己千之。果能此道矣，雖愚必明，雖柔必強。靜而思之，信然信然。

二十六、學拳往往有浮誇之子，自矜聰明，謂他人之拳，一見即會，不知一見即會，再見再不會矣。是拳理幽深，非皮膚可比；勢多奇異，非

平常可比。同窗有習之累月，而不肖其勢，積年而不解其理者，而謂可一蹴而就也，豈不難哉。

卷五

二十四拳譜序

虎牢張八，年三十學藝，槍刀劍戟，靡有不精，其神拳二十九勢，世無知者。嗟乎！人知之未必果高，而高者不求人知，且唯恐人知，即間有知者，亦無異於不知也。余成童苦嗜武，讀書之暇，他務不遑，專以舞蹈為樂。雖先兄屢訓，私愛終難自割，徒以傳授無門，東支西吾，勞而罔功，深愧無成。

後十年，遇河南府洛陽縣閻聖道，指點一二，頗覺進益。

又十年，得字拳四十法，臆續三十件，積為七十則，但繁多莫紀，乃約歸二十四，命以名，示以竅，使學者便於服習。

然恐膠柱鼓瑟，苦其拘執不化，茲因冬日清閒，就二十四而擴充之，每一而分為八，共合一百九十二，縱橫奇變，于此畢具。世有知者，不見可喜，假令湮沒終身，亦所不怨也夫。

攔架之法，不外開合挑壓四字，攔住以後方直入，用往外撥為開，內撥為合，上撥為挑，下撥為壓，前去為直入。此開合非煉氣之開合，勿誤認。

二十四字論

陰陽字之祖，應為氣之先。陽者聳乎上，其勢不可攀。陰者伏乎下，如雲之覆山。莫作呼吸論，只以升降言。

承者承乎上，停者氣不偏。擎者不可動（擎者如水立），沉者氣下攢。開掀如蕩舟，入者如水淹。

盡筋多同轉（本盡筋如飛雹），崩勢炮飛煙。創盡勢猛勇，劈筋如刀砍。牽勢如牽繩，推勢如推山。敵者直不屈，吃勢似運鉗。

粘者即不離，隨者如星趕。閃勢多旁落，驚如弩離弦。勾者勢多曲，連如藕絲牽。進者不可遏，退者如龍蟠。次序休紊亂，大勢須分辨。囑語後學者，此訣莫濫傳。

（陰）蟠桃獻壽。（陽）犀牛望月。（承）雙虹駕彩。

（停）仙人捧盤。（擎）猿猴獻杯。（沉）雙飛燕子。

（開）白鵝亮翅。（入）美女鑽洞。（盡）雙龍入海。

（崩）霸王舉鼎。（創）飛雁投湖。（劈）寶劍雙披。

（牽）猿兒牽繩。（推）雙手推山。（敵）直符送書。

（吃）猛虎探爪。（粘）鍾馗抹額。（隨）暗弩射雕。

（閃）白虎靠山。（驚）雙峰對峙。（勾）螃蟹合甲。

（連）童子拜佛。（進）蝴蝶對飛。（退）金貓捕鼠。

蟠桃獻壽圖像

二十四字圖說

第一勢

蟠桃獻壽（陰手出，陽手收入口下，氣落肘尖）。

右前左後，二士入園，蟠桃取來，仰手捧定，頭獻瑤台。

陰字八勢

海外蟠桃幾千春（陰手雙出，用輕力）。

平明摘來帶露新（陽手收入口下，用重力）。

氣暖林園花拂面（左手攀，右手仰打面）。

風吹枝幹葉依人（左手壓，右手劈，貼襠中）。

誰能偷取東方朔（倒肘勢，右手打小便）。

豈是食餘矯駕臣（七星勢，下往上轉，打口）。

恭敬捧持瑤池上（轉右步，陽拳頂起額上）。

喜向王母獻壽辰（一丟，雙拳合住，束肱下）。

陰正勢右前左後，兩手皆陽，屈出胸前，兩肘尖氣往裏收，與心氣相布為一，頭往下一栽，氣落頂門，打膻中及下把。

第二勢

犀牛望月（轉陰手一推，頭往後仰，氣落枕骨尖）。

右前左後，犀能分水，直伸兩蹄，抬頭一望，玉輪掛西。

犀牛望月圖像

陽字八勢

犀牛生來本通天（獻壽勢，兩手陽收）。

仰望明月一氣連（雙陰手一推，頭往後一仰）。

喘時不勞丙吉問（一收陽，一放陰，頻呼吸）。

騎去曾伴老君眠（吃左手，右腿騎肱上）。

華元領兵披堅甲（兩手勒住，貼左脇間，昂胸）。

溫嶠燃角照深淵（右足站，左

足蹺，身前俯，陽前拳，陰後拳）。

影射寒潭冰輪靜（臥牛擺頭勢）。

分開水府利無前（兩手下把，雙拳直入）。

正勢步法依舊，兩手轉陰，往前直伸，頭往前一背，氣落枕骨，打臍。

第二勢

雙虹駕彩（兩手鉤背，擱眼角上，氣頂手背）。

左前右後，祥光忽起，瑞滿長虹，五彩駕定，雙橋淩空。

承字八勢

老子騎牛函谷東（望月勢，兩手直推）。

紫氣騰輝滿長空（本身勢，陰手貼太陽穴）。

雙虹駕彩圖像

仙人指路雲歸岫（知字手十字勢）。

鶴駕沖天鳥出籠（片膠入麻雕鳥勢）。

高公觀星驗斗杓（左手高提，右手背頂胲下）。

蘇秦背劍分雌雄（轉步俯身，右手前，左手後）。

軟手提炮煙火起（鉤手背，提打下胲）。

門內推月落彩虹（雙手猛推，跌出，仍拳胸前鉤住）。

正勢兩足齊立，兩肘屈，兩手

仙人捧盤圖像

勾粘於左右太陽穴下，氣擊，手背接胳膊。

第四勢

仙人捧盤（陰手落陽肘後，抽氣壓兩手背）。

左前右後，老祖赴壇，光滿玉盤，仙手捧住，內有金丹。

停字八勢

仙駕遙臨降彩雲（駕彩勢，陰手屈鉤貼眼角）。

彼此會合豈無因（弓身合手

勢）。

夫子三拱延貴客（兩手前拱，做讓客之狀）。

戲珠二龍拂埃塵（兩手橫拂，做淨几之狀）。

單跨毛籃韓湘子（左手拿住，右手掇肘，他身心長起）。

斜背寶劍呂洞賓（跨虎勢亦可，不如背他膊為妙）。

金盤味定丹藥捧（仰手往胸脯一插）。

一粒入腹氣長春（兩手一掩，往臍上一輕拍）。

左足前，兩手轉陽，往下一扳，氣落十指背。

第五勢

猿猴獻杯（兩手摳如酒杯，端於鼻下，氣還大指食指）。

右前左後，飲此玉液，獻爾金杯，勸君更盡，如泥一堆。

猿猴獻杯圖像

擎字八勢

捧著盤兒進酒來（捧盤勢，兩肘後掣，伸掌）。

左右秩秩筵席開（兩手一分，陰氣外開盡）。

敬爾已經把二盞（兩手沖起打鼻子）。

勸君更自盡三杯（轉身再沖打口）。

曾向瑤池吞玉液（仰面往口中一吞）。

陟彼高崗酌金罍（雙手舉至頭

上）。

牆頭濁醪過去否（掩手打頭）。

聞香下馬亦快哉（挽袖勢做拴馬狀，打面）。

正勢轉身，右足前，兩手側摳，如掇酒杯樣子，食指上跳，小指氣催，硬往上端，駕胳膊。

第六勢

雙飛燕子（身伏手垂，指摳頭低，氣顛腳尖）。

轉身兩足齊，燕兒展翅，兩翼低垂，不是浮水，恰似銜泥。

沉字八勢

燕子乘春雙雙來（獻杯勢，雙手插起，打面）。

其羽差池次第開（本身勢）。

燕子雙飛圖像

山頭青雲初試剪（交叉手推胸，仰面跌出）。
海底紫霞任取裁（下插勢打襠）。
王謝堂前定巢去（蛇入雀巢勢，斜打喉）。
江湖岸上銜泥回（銜泥勢，左手陰，右手陽）。
穿花落水翩翩舞（雙飛燕勢，兩手齊攬，落沉盡）。
清秋飛飛玉投懷（駝勢，仰手打脇窩）。
正勢兩手一撇，兩足尖占地，

兩手皆側帖，打鬼眼穴，氣往下插，直入地內，壓住大指。

第七勢

白鵝亮翅（兩手一分，兩拳上仰，氣顛兩腳尖）。

腳尖雙顛，沙上群鵝，紛紛白雲，飛起展翅，愛殺右軍。

開字八勢

雪白鵝兒臥沙邊（燕子勢，伏身兩手一分）。

展翅欲飛沖上天（本身勢，沖打鼻口）。

兩膀平分張羽扇（駝勢，兩手一分）。

雙足跳躍落掌拳（縱起雙拳往下插）。

丹鳳修翎朝曉日（十字提門勢，右挑左打）。

紫燕入戶避相簾（穿林勢，左手一格，右手打脇）。

白鵝亮翅圖像

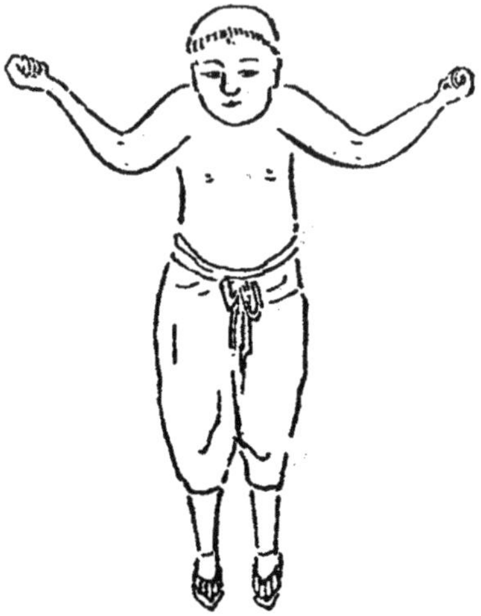

等閒出得黃庭就（劈華山勢，右手下一拉）。

右軍籠去一群還（用陰陽兩手撕兔勢）。

往前一跳，兩手齊分，大指往外一扇，肘貼脇，打肱裏肉。

第八勢

美女鑽洞（伸臂下插，低頭而伏，氣滑後腳尖）。

右前左後，洞門有石，鑽之彌堅，美女來此，束手而前。

美女鑽洞圖像

入字八勢

翻手仰看石壁懸（亮翅勢，兩拳分駝）。

中有小小一洞天（兩手交叉，伸二指高指）。

大將猛勇不見項（一丟，兩手插襠，頭下看）。

淑女窈窕應無肩（往前一推，面要仰）。

鷂子穿林身欲進（上步插手打咽喉）。

六鷂退飛恨不前（倒斜腳蹬，

回手灑）。

抬頭忽遇寬敞地（跳澗勢，轉身單鞭）。

姝子徜徉任安眠（本身勢）。

身往足前，頭往下一伏，兩手伸直，手背靠探，打小腹。

第九勢

雙龍入海（雙手猛回來一撞，氣頂中指尖）。

右前左後，僧繇畫龍，破壁飛去，雙雙入海，誰能擋住。

畫字八勢

龍德陽剛下潛藏（鑽洞勢，頭伏，左腳後蹬）。

苦海無涯水茫茫（探海勢，左掌陰，右掌陽）。

點睛飛去留不住（往右一畫，目一睜睛）。

雙龍入海圖像

騰甲躍來莫敢當（往左一盡，膀一搖，面前一轉花，然後盡去，方得訣）。

奮爪直上青雲路（打一策腳，手一拍）。

掉尾猶帶碧波揚（捲蠍子尾，腳尖一踢）。

夜叉倒坐千山動（坐地一叉，兩手按地）。

旋風一腳接上蒼（旋風策腳帶單鞭）。

左足前，兩手陰，伸直，步往前，即氣往前去，打兩乳下。

第十勢

霸王舉鼎（雙手一挑，腳尖站立，氣領中指尖）。

鼎峙千秋，重於山河，霸王舉起，往上一豁。

崩字八勢

楚國霸王一世雄（入海勢）。

仰面叱咤已生風（雙手擱胲下，頭往上看）。

覆手按來力入地（兩手下按）。

翻手分去勢凌空（雙手舉至頭上）。

左轉三匝如拾芥（左邊一豁舉起）。

右退二步似飛鴻（右邊一豁舉起）。

烏雲罩頂中間走（平轉旋轉）。

霸王舉鼎圖像

八千子弟盡效忠（往上一舉，眼往下看）。

兩足齊立，拳從襠中豁起，直伸頭上，氣落中指一骨節上，打脈槽。

第十一勢

飛雁投湖（頭下栽，手後背，氣射頂門）。

右前左後，鴻雁於飛，在彼空中，上下一扇，投入洞庭。

飛雁投湖圖像

創字八勢

冥冥展翅排雁行（舉鼎勢，如雁之高飛）。

五湖寄跡水蒼茫（手一分，頭栽下，右腳前）。

饑鷹側翅逐凡鳥（左手提打襠，用手背盡）。

丹鳳修領朝當陽（右手劈下，奪巢勢沖起）。

白鷺探爪瞧魚子（閃身獻掌勢）。

花鴨低頭啄稻粱（一剪，右手

下按，頭下伏）。

驚寒聲斷衡陽浦（剪回，倒上橋勢）。

投向洞庭樂平康（栽頭炮勢，前手低，後手高，伸直，斜平身勢）。

兩手一刷再一分，右足前入於襠，頭往前一膨，氣落天靈蓋上，打中腕。

第十二勢

寶劍雙披（左膝頂起，兩手分拍，氣歸一處）。

左前右後，孫權發怒，劈破書案，劉主拔劍，石分兩段。

劈字八勢

蘇秦遊說背得回（投湖勢，兩手後背，頭伏）。

寶劍出匣雙披開（本身勢，兩手劈開，打下）。

寶劍雙披圖像

項莊勸酒豈無意（雲頂勢）。

樊噲切肉信有才（劈山勢）。

仲謀怒劈龍書案（二起策腳，騙馬勢）。

夫人喜臥梳粧臺（虎抱頭，十字勢）。

石分兩段劉先主（雙手一拍，策腳）。

青釭還隨子龍來（搖山伏劍勢）。

兩手俱側，膝蓋往上一頂，兩掌往下一砍，大指氣催小指，打手脖。

猴兒牽繩圖像

第十三勢

猴兒牽繩（兩手採頭往懷一栽，氣摳指尖）。

左前右後，頭上有繩，拉拉扯扯，猴兒牽著，倒栽一跌。

牽字八勢

寶劍劈開兩雙手（雙劈勢，兩小指用力下砍）。

項上繩兒牢牢拴（本身勢，採住兩耳一攀）。

直如朱弦飄飄動（按住手腕，

往前一栽）。

軟似紅絨密密懸（左邊再一栽，用墜盡）。

修綆豈能終日繫（知字手，左抓面，起縱勢）。

千里便是一線牽（閃過兩手，採手往前按）。

悟空拉定豬八戒（兩手一頓，點頭而退）。

一步一跌見金蟬（攀住頭，一栽，過頂，飛過去，再一坐窩）。

兩手俱側，氣落十指尖，往裏一摟，肘尖力往懷一收，身往下一坐，氣榨臀尖，抓胳膊。

第十四勢

雙手推山（手出心下，上按胸脯，氣催手心）。

右前左後，動也不動，穩如泰山，雙手推之，猛往上掀。

雙手推山圖像

推字八勢

順手牽來天柱折（牽繩勢，猛往前栽）。

腳跟無線怎扶持（本身勢，雙手一推）。

推倒一世之豪傑（左邊捉膀臂，帶沉盡）。

開蕩萬古之心思（右邊推胸脯，合掌一分）。

誰道泰山搖不動（虎撲勢，右沖左按）。

偏如朽木焉能支（回身攀摺，

打飛仙掌）。

鴻門闖帳甲士仆（左掌直推，右掌後展）。

岳家軍令直可師（轉步，雙手頻推之）。

兩手背貼於胸前，往前一擁，氣出於心。

第十五勢

直符送書（兩手交叉，伏頭，盡力一送，氣盡中指）。

左前右後，奇門誰知，直符隨時，即刻送到，陰陽二書。

敵字八勢

遁甲之書書可疑（推山勢，身往前探，看書）

此中元妙有誰知（雙手一叉，向前推）

吉日忽遇直符到（左邊一推）

直符送書圖像

後邊還有直使隨（右邊一推）。
陰陽順逆看二至（上步一剪，雙龍入海勢）。
日月星光分三奇（光字三勢左右中）。
閑來靜心仔細玩（右掌側，左掌伸，目近視）。
料得鬼神也難欺（叉手一頂，空中露面）。
兩手陰，一交一叉，直伸頭上，往前一沖，氣落手腕兩骨節上，打胸腹。

第十六勢

猛虎探爪（手轉身接，手往下盡力一按，氣插手心）。

兩腳並立，猛虎翻身，力用全幅，下插入地，即時立仆。

吃字八勢

地下百獸虎為尊（送書勢，叉手往前一入）。

餓來捕食鎮山門（本身勢，兩手伸直下按）。

怒逐麝鹿伸玉爪（兩拳一陰一陽，斜沖）。

渴飲青泉露金盆（兩手一陰一陽分張）。

負嵎曠野人喪膽（轉身搠肘，左手屈榨下）。

剪尾退洞盡驚魂（倒坐窩，右胯一頓）。

力徜群羊齊伏首（兩手攀頭，左膝上頂）。

猛虎探爪圖像

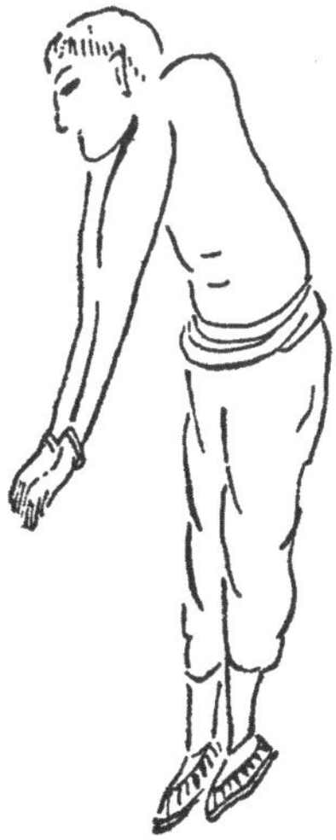

更是遊子不敢言（手一挽做招人之狀，仍是探爪勢）。

併足而立，兩手皆陰，大指往上一承，四指往下一捲，如鐵柱一般，拿手腕。

第十七勢

鍾馗抹額（右拳仰，左拳擱心坎上，氣落頂門上）。

右前左後，鍾馗鎮宅，兩手磋摩，神額一抹，嚇退邪魔。

鍾馗抹額圖像

粘字八勢

鎮守中宮意氣昂（探爪勢，怒目瞪睛）。

魁梧奇特露神光（本身勢，一手上，一手下）。

繞趨金階誅虛耗（左手豎起，右手橫脇）。

收回玉簫並香囊（當頭炮勢）。

會向凌霄朝帝闕（抹額勢，身俯，左上右下）。

封為陰司狀元郎（魁星提斗

勢）。

綠袍列下仗劍勢（徜身，兩手舉頭上）。

定教惡鬼抱頭藏（虎抱頭勢）。

兩手俱側，附於兩耳，手往後一帶，頭往上一仰，右手往上一掤，擱於頭上，左手貼於左脇，頭往上一進，貼胳膊裏面。

第十八勢

暗弩射雕（右手下滾，左手上沖，氣收脈槽）。

右前左後，空中飛鳥，唯雕難射，暗弩一發，他防不住。

隨字八勢

搭起涼棚偷眼瞧（抹額勢，眼往上看）。

空中摩天一黑鵰（本身勢，用槽手法上射）。

暗弩射鵰圖像

右手舍矢矢如破（沖天炮，左拳，右打鼻子）。

左手推弓弓即調（斧劈老君堂勢，右劈，左推胸）。

大鵬展翅難逸去（窩弓炮，上右步，打沖面）。

高墉射隼落彩毛（再上左步，打掩手）。

十指連弩齊放起（回頭猛虎翻身勢，知字手）。

就是飛虎也難逃（懷中一收，仍歸元勢，以打火箭穿心）。

兩手心向內，一手中指尖往上

白虎靠山圖像

一頂，一肘尖氣往下一抽，插胯下。

第十九勢

白虎靠山（兩掌一展，身子往後仰，氣閃背後）。

左前右後，白虎洗臉，捨身倒轉，兩掌一仰，泰山壓卵。

閃字八勢

伏下窩弓待猛獸（射雕勢）。

白虎一跳入深山（本身勢）。

翻身直占高崗上（兩手一撩，

使背一壓）。

低頭俯瞰碧水灣（右腳倒插，右手摳打腹）。

展開飛翅添羽翼（身跨虎，登山勢）。

合住斗口露斑爛（兩手一拍，虎口合住）。

張牙舞爪倒退洞（轉身一剪，左右分張）。

扭項抱頭非等閒（轉身斜行，收炮拳勢）。

一腳前，一腳後，頭往後一仰，兩手往後一閃，氣落手背，頭氣落枕骨。

第二十勢

雙峰對峙（雙肘齊起，往懷中一頂，氣點肘尖）。

右前左後，玉門古渡，雙峰豁然，肘尖豎起，打中心坎。

雙峰對峙圖像

驚字八勢

背負太行望玉門（靠山勢）。

雙峰對峙勢自尊（本身勢）。

陳香劈斧華嶽破（右手砍肘，左手沖打）。

班超入關渡口存（左肘一拐，上左步，貼身靠法）。

月明九秋搗霜杵（上右步，右肘栽按）。

山頭半夜啼心猿（一剪，縱起，採耳，往後攀）。

天造地設留勝跡（挑肘，白虎

洗臉勢）。

萬古千載乾與坤（兩肘搖動，轆轤轉勢）。

兩手腕屈，勾於心窩旁，兩肘尖往前一射，氣落兩骨節上，打短脇。

第二十一勢

螃蟹合甲（兩手繞外，合打太陽穴，氣催中指）。

右前左後，螃蟹拱手，金甲一對，合在中間，腦骨粉碎。

勾字八勢

螃蟹吐沫不露頭（對峙勢）。

一世橫行只自由（雙手大戰，往右入）。

右帶狼牙雕翎箭（右手一劈，一通劈）。

螃蟹合甲圖像

左膀角弓月九秋（上左步，掩手，再一開弓）。

裏邊炮子先打耳（左手打左，右手打右）。

陰陽磨兒轉悠悠（舒掌打耳腮，回捎鼻口）。

遇著對家齊拱手（雙拳合打頭耳）。

渾身甲胄總無憂（攻人心坎，仍是合甲勢）。

兩手俱陰，外往裏一拘，氣落十指骨節，打太陽穴。

童子拜佛圖像

第二十二勢

童子拜佛（滾手搖鼻口，兩背相靠，氣頂十指尖）。

右前左後，善材童子，禮拜觀音，南無陀佛，紅火出林。

連字八勢

羅刹女兒是紅孩（合甲勢）。

大士點化成善材（兩掌合住，打稽首勢）。

跪下俯首地戶閉（手下分，雙拳下插，膝腳右跪左豎，右拳搗腳面）。

起時頂珠天門開（轉身合掌，沖打面）。

左顧文殊左邊走（隨字勢，左轉身合掌）。

右盼普賢右邊來（右轉身合掌）。

一片火雲空中舞（合掌往上一分）。

二十四拜拜蓮臺（合掌頻點頭勢）。

兩手合掌，如釋家拜佛，往上一頂，氣落十指尖，上頂鼻子頂。

第二十三勢

蝴蝶對飛（手背靠住，伸指搗胸脯，氣催指尖）。

右前左後，穿花蛺蝶，款款飛來，莊周一夢，對對戲梅。

蝴蝶對飛圖像

進字八勢

莫嫌蛺蝶氣力微（合掌打胸）。

終朝採綠伴金扉（叉手一入）。

春入河陽花先滿（右手扳，左手挑，右打腹）。

雨打秋江葉正肥（上右步劈打）。

兒童嬉戲齊拍手（上左步裏耳，右掌拍打）。

羽翼蹁蹮自忘機（轉身雙手拍打）。

唯有莊周清夢好（手從心中往

金貓捕鼠圖像

外分）。

時時刻刻共飛飛（往下扳，一合手背，一插）。

兩手靠背，往下一謝，往上一頂，打咽喉。

第二十四勢

金貓捕鼠（旋風交腿，雙手外鉤，氣注兩眼）。

伏身叉立，子乃真鼠，終日畏貓，金尾三擺，有命難逃。

退字八勢

金貓金尾金睛黃（對飛勢）。

金眼捕鼠鼠輩忙（雙手豎起，下打左耳）。

十字劈來胸懷破（雙手一刷，再一打脇）。

順勢摟去肩背傷（抓右肩，往下一墜）。

翻身直跳西鄰苑（轉身一跳，看果勢）。

爪尖又掃東家牆（跨虎，右腳一掃）。

當頭奮擊群耗死（折身當頭炮打）。

從容退食任徬徨（三轉步，動字勢收住）。

兩手齊飛往後轉，兩腿一扭，兩手分為陰手，往外一分手，手腕肘尖俱屈，氣落頂門、腳尖、胯尖、肘尖、足趾頭、手指頭，以為觀望之計。

二十四字偏勢

陰　劉海戲蟾
兩拳相對，屈附耳下，肘尖氣落於小腹左右，頭往下俯，或內外俱攔肱脖。

陽　順水推舟
兩手轉陰直沖，往上一掙，頭往後一背，氣落枕骨尖上，打大腿根。

承　軟手提炮
兩手指勾，貼於眼角左右邊，氣擎手背，打下巴骨。

停　老農旋箕
兩手轉陽，一手長，一手短，大拇指往外一旋，壓肱膊。

擎　蛇入雀巢

兩手轉陰，往上一掤，小指一仰，後手轉陽，往上一沖，氣落中指第一節，打胸脯。

沉　濁水求珠

兩手側壓住，大指催小指，腳次起，頭往下伏，氣落額角，壓手背。

開　二姑把蠶

兩手俱陽可，一陰一陽亦可，小指催大指，往外一擺，或陰手；大指催小指，往外一擺，亦可，矯手腕。

入　虎穴探子

兩手轉陰，氣落中指第一節，頭往下伏，氣落頂門，打乳旁。

盡　雙龍牧馬

兩手俱陰，寸步而前，一頓一頓，氣有三出三入，打短脇。

崩　石破天驚

並足而立，一手側，大指氣一領，從襠內豁起，後手往前肱上盡力一拍，崩其脈槽。

創　紫燕穿林

前手橫貼兩乳，後手直勾，顛於後胯邊，前指大小指皆屈，三指直擦，後手悠起，硬住，前手仍照後手脈上一拍，如雷出地奮一般，打小腹。

劈　拔劍斬蛇

十字腳步，前手陽，從下提起，後手直豎，於前邊側劈，大指催小指，往下一砍，前手氣落中指第一節上，或落小指尖上，打肱背一穴。

牽　猛虎負隅

兩手接住手腕，頭往下一伏，額角往下一墜，氣榨後臀，拿手腕。

推　鐵扇閑門

兩手俱側，捉住肩膀，往前一擁，氣落十指尖。

敵　走馬推刀

兩手俱陰，虎口籠住，往裏一橫，大指氣力齊催，擒手腕。

吃　白蛇纏葛

一陰手，用虎口擒住大指，攝他大指，手肝氣一入，腳一落，其力十倍，鉗手腕。

粘　金剛扭鎖

兩手掌相合，一上一下，上手小指往裏一帶，貼住膀窩，後手大指往外懷內一收，左右轉換不離，靠脈槽。

隨　朱衣點頭

前手抓住他手，飛身剪起，使後手照住頂門一啄，氣落五指尖上，打額顱。

閃　觀音現掌

前手側豎膀窩，後手伸直，附於後胯，腳卻在前，十字勢，前手小指氣落懷內，後手氣落指尖，往前跨，要用即步，撞小便。

驚　金鉤掛玉

兩手一挎，轉身，後腳一掃，氣著五指，腎氣催心氣，撒腳後跟，或跺踝子骨亦可。

勾　牽牛過堂

兩手皆陰，十指下摳，肘屈，搭住他肱腳尖，大指擋住他足趾，膝照他腿彎一樓。

連　張飛騙馬

兩手皆陽，屈肘，壓他肱，前足蹺起，一落橫擋他腳後跟，手轉陰，照面一按，後手托他枕骨或頭髮亦可。

進　暗渡陳倉

前手側勢，往襠一踢，後手直鑽小腹，須上步換腿。

退　華山看果

兩手轉身一刷，再一轉，再一刷，一肩高，一肩低；一胯擎，一胯

落，翻身仰看，兩手皆屈，一附於耳下。

此雖偏勢，卻不可廢，蓋體先求其正，用時多取其偏，以正者多板，而偏者多活；正者多寬，而偏者多仄，且利於進退，便於轉換，故附錄於末，以備採擇。

卷六

槍　法

四大綱領

步眼　步法不合，周身之累；紐歪斜縹，難進難退。寬窄適中，丁八雁行；前虛後實，動則靈通。

手法　兩手之用，須分死活；前後收放，屈伸委蛇。前把路走，後把隨之；周身有氣，打紮有力。

身道　身為主帥，五官是將；不能調遣，自尋滅亡。身氣催運，頭目手足；動靜一家，靈快雄壯。

頭面　四肢百骸，頭為領袖；此處不合，全體俱休。譬之兵將，唯首是從；首所不至，眾安所用。

八大條目

敵粘 不攔不架，闖然而入；迎機直上，方是正路。雖開則遠路，力微則不揱，發遲則不及。

驚戰 夢裏著驚，無意燃火；不見有人，那知有我。養成浩然之氣，靈通之體，觸著即發。

粘隨 如漆似鰾，彼到我到；任你脫殼，走他不了。氣機不靈，身法不隨；火候不到，如何得可。

滑脫 見硬而軟，見動而轉；如虎力大，空往空還。不能形氣合一，人已一元，那得湊巧。

起伏 粘槍之法，不盡中平；忽高忽低，矯若游龍。無高低，則陰陽不轉；無開路，則門戶不清，其中金針在此。

進退 知機之士，絕無硬撞；誰敢粘氣，楊家六郎。知進知退，活動

不滯；綽然有餘，不入死巷。

崩打　槍之起落，非上則下；往返不空，低崩高打。有消滯，則遍體皆槍，渾身爪牙，敵人極難措手。

提擢　他起我提，他崩我擢；將計就計，的是妙招。趁勢能省力，敵人無變機；行氣借得穩，一發命歸西。

十二變通

隨中　他紮我攔，他過我過；不得翻身，總無奈何。似粘非粘，似脫非脫；即離之間，他摸不著。

使中　我過之時，他未之見；猛力紮來，恰中機關。彼方紮來，我趕已到；眼明手快，法力玄妙。

總按　前掌著力，脫肩下沉；直落為按，聳則為總。總衝前走，按直向下；其中勦氣，毛釐之差。

挑撩 騰空而起，在他杆下；挑不離槍，撩則崩鮓。挑則隨之，撩則離開；一剛一柔，應發時來。

掇托 兩肩俱鬆，雙肘下沉；捧盤而入，內有分寸。翻仰而起，一擊一隨；一樣紮法，勢氣不同。

捷靠 肩膀著力，鐵扇閉門；一則抖開，一則硬迮。硝黃急火，連人皆板；杜門而入，沉施為先。

頓領 鎮地不動，引他入竅；內有凹坑，那裏知道。力不能截，引入戰場；機動勢轉，自投羅網。

鉤掛 鉤分上下，掛別內外；前後手間，俯仰紐縹。硬鉤軟掛，陰陽分明；手腕掌榜，錯了不行。

合掌 陰手下沉，陽氣扶之；催力直進，不令他起。非陰不重，非陽不活；相濟而用，名曰沉托。

摟翻 陽入陰進，陰轉陽跟；翻江攪海，振盪乾坤。摟用猛抽，翻用猛頓；陡起陡落，陰陽之分。

勒壓　似退非退，似前非前；中氣下榨，沉落他杆。陰勒，脫前肩，沉後肩。陽勒，沉前肘，豎後肘。

抽捲　長能用短，直能用橫；隨機應變，心靈身淨。能抽則善，偎者反危；能捲則善，制者反傷。

無綱領，則大本不立；無條目，則妙用不行；體立用行，而少變化，則滯而鮮通，此二十四說所宜急講也。更能神而明之，物來順應，方見生生不已之妙。

托槍式

側身分虛實，凝神氣如虹；左鬆右抽滿，杆梢向下垂。靜能三尖照，動則六合齊；靈活催堅硬，剛柔自相濟。

降手

須借行氣方妙，不然，我一降，彼一轉，又到我杆上矣。或曰，降手如榨勢落點一般，必十分吃住他杆，他不能轉，方可用。槍法唯有降手難，刷敲科砍遍人還；識得破時微微笑，只將前勢仍還原。

詩曰：自上而下謂之降，高山墜石不可當。氣勢還原身法進，斬關奪隘鬼神忙。一人敵不為工，垓下戰項重瞳。長阪坡趙子龍，百萬軍如童蒙。一杆槍如蛟龍，落上發氣下攻。擊乎西，聲乎東，低掃堂，高雲頂，崩搖擺擢挑驚。腰背胯賽旋風，出沒變化影無蹤。虛實實虛誰能定，豈必觸山與扛鼎。始臨大敵呈英雄，知此方為精。

刀與劍無雙，單欲成功則善攢。閑用硬，忙用軟；步要隨，器要粘；頭手足，貫相連；腰膀胯，務靈便；不近身，總不攔；彼自忙，我自閑；識化工，永無難。為問其中玄妙理，仍是斜行與單鞭。萬殊一本貫不貫，

丈夫由來自有真，浩然之氣胸中藏，勸君養成剛大體，充塞宇宙萬古強。

槍拳要以神氣為先，機勢次之，專講力量，斯為下矣。人人有路通玄關，靈活容易化則難；人有無處我無有，人還去時我去還。劈提崩打任火藥，手足膀胯如雲煙；過此便是蓬瀛客，三而一兮一而三。長敵短，不要搶；短敵長，不用忙。

猿猴棒

掩手，中平，猿獸開鎖，蓋打，拗捧，剪跳，中平，搶背，後蓋打，蘇秦背劍，撩劈山，左切右切，懸腿拉打，起棒打臉，倒手劈山，蓋打，繳棒，推打，迎面骨，回棒打腦後，張飛倒上橋，捽棒，又捽，降手，中平，掃秦橫擔，一架梁，拔步，量天尺，大梁槍，回身蓋打，雙繳棒，玉女穿梭，偷步，蓋打，降身，撩棒，劈山，仙人指路，四門斗，上打雲頂，下打掃堂，樵夫擔柴，剪挑，一蕩劈山，上左步一紮，上右步，一輪打，中平托，放羊棍，一收。

雙劍名目

真武按劍　側身立，兩手執劍，交叉，往下一按。

浪捲浮萍　往頭上分攉兩次。

雨打落花　往身旁分刷一次。

王郎砍地　縱起，落下雙劍，蹲身砍地。

大鵬展翅　縱起，左右雲頂勢。

孤雁出群　往後一剪，右手頭上一雲。

二龍戲珠　左右回砍，一劍在肱之上，一劍在脇之下。

芒碭斬蛇　將劍一收，騙馬勢，劈襠砍下。

金梁架彩　平丟，下一單鞭勢。

三收洛陽　蓋磨三拳勢。

岑彭獻刀　撩手竄拳勢。

斜風吹燕　斜行拗步勢。

烏雲罩頂　仍是一雲頂，帶單鞭。

丹鳳修領　雁別金翅勢。

美女退洞　倒退分摟，右手將劍側逼他下，左手勢高。

仙人指路　往後一劈，轉身勢。

煉地成鋼　十字步，回劍往下一指，左手懸於頭上，右手下插。

白蛇吐信　右手返上一壓，剪步，左劍往懷中一紮。

雙股齊飛　仍一雲頂，展開單鞭。

昆吾切玉　左手一耍，右手偷步一劈，再進步，兩劍平展。

犀牛望月　兩手往左邊圈攉，將劍舉至頭上，倒背後頭，往上看。

金剪一枝　往下一擢，然後交叉一分，從襠往兩下分挑，十字步法。

霸王觀陣　往後一轉身，左手劍舉頭上，右手橫胸脯，長身觀望勢。

二郎劈山　一雲頂，左手劍豎，右手劍舉頭上，往下劈山勢。

獨戰曹兵　雙劍往左邊一擢，再向右邊一擢。

平掃沙漠　一雲頂轉身，削去天靈。

出褒刺褚　左手往前一砍，一回，再一砍，進右步，順紮脇後。

側蝶戲梅　雙手返砍，右手一跟，左手翻起，右手往懷中一插，一丟，左手再面一紮，右手再一拘略，雙劍展開。

夜叉尋海　雙劍分砍，左手一摟，右手探身，往下一插，劍尖紮地，右腿跪地更妙。

太阿出匣　回頭踢一右二起策腳，入一單鞭，再仰手交收，並足一展一放二次。

蒼龍掉尾　左右雲頂落勢，左手往上翻攬，右手往下攬砍。

大火燒天　雲頂落勢，兩手從中沖挑。

青龍擺頭　雲頂落勢，兩手要攔。

猛虎探爪　雲頂落勢，兩手分摟，往前探紮。

黃龍轉身　左右三頂，與尋常不同，原是翻花炮勢，落點雙劍自下往上挑擢，帶身子。

鍾馗伏劍　左右分刷，右腳微懸，左劍豎立前膝間，右劍高舉頭上收，威風凜凜，方得真訣。

此劍數目無多，舞來頗覺耳後生風，雖不比公孫大娘之妙，習演久之，亦可以防護身體，不失古人琴劍樂趣云爾。

論正氣

此篇第一段為正氣口訣，以下各條，皆棍法也，今以重編之例，凡原書各篇，只移置其先後，使以類相從，刪其重複之篇目及文字，於原有各篇，不復分析，故不析此篇為二，以此無可類從，故編於全書之末。

志一撼動正氣，氣至動志，磨礪持志，善養浩然之氣，剛大充塞天地，人之賦性稟受，輾轉寤寐思維，其大無外小無內，費而隱兮隱而費。

一、千言萬語，總是哄他舊力過去，新力未發而乘之。

二、響而後迎，迎而後響，分別明白，可以語技矣。

三、將棍頭穿入他棍頭下，或左邊一起一剃，或右邊一起一剃，要有響為度，總是一理。

四、凡認棍不認人，此語最當。

五、絕不宜貪心去傷他，待他動後我再動可也。

六、我入被他打，即急跳退，切記。

舊目

面部五行論起首四句歌詞同，故刪之，亦見校訂記中）　論手足　陰陽轉結　論打　論攔　勇氣根源　疾快用法　打法總論　講出手　講打法　講點氣（此篇後以又云標題別自成篇，編本並為一篇）　納氣　論外形　三氣合為一氣　大小勢說　中氣　借行氣　奪氣　起縱說　五行能司　論用功（此篇後亦有又云別為篇，重編本併為一篇）　勇氣根源（此篇重複，重編本刪）　頭　平肩　仄肩　中氣（此篇與上中氣篇文不相同，題重複，故重編本加一歌字以示區別）　胯　足　手　肘　膝　初學條目　二十四字論（此篇之下為蟠桃獻壽之陰字八勢至金貓捕鼠之退字八勢二十四字之圖說，圖說後為陰字至退字二十四偏勢，皆不另標總題，重編本為加二十四字圖說，二十四字偏勢兩題以清眉目）　四大綱領　八大條目　十二變通　托槍式　降手　（自四大綱領至降手皆槍法也，重編本為加一槍法總題目，而將原目分注其下）　猿猴棒

以上題為武備參考

萇氏武技書校訂記與校訂續記

這本先父徐震編訂的一九九〇年十月上海書店出版的《萇氏武技書》，未將中華民國二十五年十二月正中書局初版的《萇氏武技書》中的《校訂記》印入，先父一九六〇年五月寫的《校訂續記》也未印入。而書中部份訛誤之處，已按兩《校訂記》改正，但還有多處訛誤，未予改正。故現將兩《校訂記》中這部份內容，抄錄複印於下。

徐雲上

一九九一年三月

萇氏武技書校訂記

萇氏原書脫誤之處，以無他本可校，故重編之本一仍其舊。唯訛謬顯然之處，按之文意自可改定，爰為《校訂記》一卷，附於書後云。

徐震識

卷二

陰陽轉結論

〔顧不論哉〕此句似有脫誤，疑顧下有一「可」字。

三尖為氣之綱領論

〔則氣不右入〕依下文「則氣不得左入」例，此句「不」字下應有「得」字。

〔若尖蹻〕按玉篇，蹻：引也。集韻，引：弓也。此字當作翹。翹：舉也。

十二節屈伸往來落氣內外前後論

〔膝灣後凸〕此句脫一字，應作膝前灣後凸。

〔手腕氣榁於下〕榁字義與此不合，當作榨。榨本打油具，俗用作壓迫之義。榁字依《康熙字典》引紫雲韻，其義為枯榁也。

剛柔相濟論

〔則氣捕滿身〕捕以義考之，當作鋪。以下各篇與此同者，準此。

面部五行論

〔方得氣相兼之妙〕氣下應有「勢」字。

咽肉變色論

〔故稟木氣而生者〕此下脫去四句，今參酌《內經．甲乙經麻衣相法》，為補之如下：「其形瘦而長，其性多怒，其色蒼，稟火氣而生者，」

點氣論

〔此著人肌膚，堅硬莫敵，形而深入骨髓。〕「形」字蓋誤。

〔神亦凝也〕依上下句例，「也」當作「焉」。

論足

〔足有尖伸而下入者〕有字衍。

論拳

〔如平拳下栽者〕平下應有一「陰」字。

卷五

二十四字圖說

〔鶟子穿林身欲進〕第八勢。按廣韻，鶟，鳥名，如山雞而長尾。說文，鷂，鷙鳥也。字當作鷂，取猛鷙之義也，拳中無取象於鶟者。

〔折身頭當炮打〕第二十四勢。「頭當炮」似當作「當頭炮」。

二十四字偏勢

〔兩手一挎〕驚字，按挎字不知何字之誤，不能臆斷。

卷六

槍法

〔力微則不墏〕敵劄。按墏字不知何字之誤。

雙劍名目

〔公大娘之妙〕公下脫一「孫」字。

卷一

陰陽入扶論

〔上會斷交〕「斷」字誤，當作「齗」。李時珍《奇經八脈考·任脈》章，言任脈循承漿與手足陰陽督脈會環唇上至下齗交復出（齗同齦）。

陰陽亂點入扶說

〔足陰陽經止於大指內之次指背〕據《靈樞·經脈》篇，大指之「大」誤，當作「中」字方合也。

〔三經階循腿外〕「外」當作「內」。此句下似有脫句。

卷二

五行論

〔怒動肝兮聲動心，鼻縱氣促發肺金，唇腡開撮振脾氣，眉縐清注腎中尋。〕原書內外合篇韻語四句與此僅三、四兩句小異，第三句云：眼胞上下約脾氣；第四句：腎中作腎家又清。注之，清字誤。應依內外合篇作睛。

〔鼻隼為中岳〕「隼」誤，應作「準」。文穎漢書高帝紀注云，準，鼻也。

卷四

論初學入手法

〔拳似山羊觚頭〕據論外形拳，似山羊抵頭。則「觚」字當為「觝」

字之誤也。

卷六

槍法

〔兩肩俱聳〕掇托。按聳字當為鬆字之誤。任何勢法訣，無取聳肩者。

萇氏武技書校訂續記

卷一

中氣論

〔飛上飛下，飛左飛右，〕「飛」字都應作「非」。

入陽附陰入陰附陽說

〔陰摧陽，陽摧陰〕兩摧字皆當作「催」，摧是毀折的意思，於文義不合。催是逼迫的意思，與文義相合。

入陽扶陰入陰扶陽說

〔故俯勢出者，落點疾還之以俯勢，使無偏於陰也。〕俯勢出者下有脫句。應補「落點疾還之以仰勢，使無偏於陽也；仰勢出者」字。

〔曲者還之以伸〕「曲」字應作「屈」。屈常與伸對舉，曲則常與直對舉。

卷二

三尖為氣之綱領論

〔為劈臑血氣之道路〕劈是臂的誤字。臑依《說文》是羊豕的上臂，作為人臂，就是肱。

十二節屈伸往來落氣內外上下前後論

〔後膝顛伸〕顛字衍（「衍」是「多餘」的意思）。

過氣論

〔合抱者胸不開〕「開」字當作「閉」，與上文「分擺者，胸不開，則氣不得入於後」文正相對。練拳做合抱勢，亦不可能使胸開張。

剛柔相濟論

〔不違乎此〕「違」當作「達」。達是通達之義。

行氣論

〔摧三氣以打之〕書中「摧」字皆當作「催」。

點氣論

〔⿰金焱羽匀停〕「⿰金焱」字字書所無，當作「鍭」。詩經《大雅·行葦》篇「四鍭既均」。據孔穎達毛詩疏的解釋，鍭就是箭，箭要做得前後「國重鈞亭」。

論頭

〔為不牽扯〕「為」當作「乃」。因行草書，「為」與「乃」形近而誤。

論足

〔側勢前捕者〕「捕」應作「撲」。

〔前進步者，後步先動〕前進下面的「步」字衍。

（衍：校勘學家指書中因傳寫錯誤而多出的字句。）

論拳

〔以大指尖掐對食指第三節橫紋〕「掐」讀如「叨」，是掏取的意思，與文義不合，是誤字。應作「掐」，讀如「恰」。掐是爪按的意思，與文義正合。

〔其氣亦非捕滿身〕「捕」當作「鋪」。

卷三

練氣訣

〔前陽而後陰〕當作「前陰而後陽」。

中氣

〔則鑿矣摸矣〕摸字不可解，當是誤字。

講出手

〔內示精神〕此本《吳越春秋》「內實精神，外示安儀」語。據《卷二·聚精會神氣力淵源論》有句云：「即南林處女所謂內實精神之說也。」可見萇氏原本作「內實精神，外示安逸。」傳抄本因「示」、「實」兩字音近，故把「內實」之「實」字誤寫成「示」字。

卷四

論初學入手法

〔高低曲伸〕〔若兩手之左右曲伸〕「曲伸」皆當作「屈伸」。本篇中此外曲字皆不誤。

〔兩腿之曲伸〕應作「兩腿之曲直」。

〔腳為紫燕入林〕「為」字是「如」字之誤。「為」字與「如」字行草書字形相近，所以「如」字誤成「為」字。卷三《論外形》篇云：「腳似紫燕入林」可證為當作「如」。

初學條目

〔君子得之固窮〕此語見《陰符經．中篇》。原文窮字作躬，窮是誤字。躬字的意義是身，固躬是安定自身之意。

卷五

二十四字論

〔飛燕投湖〕燕字誤。據下面圖解是「飛雁投湖」。

〔寶劍雙股〕「股」字誤。據下面圖勢作「寶劍雙披」，又有詩句：「寶劍出匣雙披開」。

二十四字圖說

〔知字手十字勢〕第三勢承字八勢「仙人指路雲歸岫」句下注「知」字似誤。

〔右手拿注〕此為第四勢停字八勢「單跨毛籃韓湘子」句下注。「右」字當作「左」。此勢是左手拿對方的腕，右手把對方的肘托起，接著進半步做跨虎勢；或反身背他的臂膊。這就是下句「斜背寶劍呂洞賓」的動作。

〔往下一板〕「板」當作「扳」。

〔驚字八勢〕「驚」字誤，當作「擎」。

〔小指氣摧〕「摧」當作「催」。

〔右手樞打腹〕此為第十九勢閃字八勢「低頭俯瞰碧水灣」句下注。「樞」字當作「摳」。

〔轆輪轉勢〕此為第二十勢驚字八勢「萬古千載乾與坤」句下注。「轆」下似脫「轤」字，或「輪」字為「轤」字之誤。

〔氣堆中指〕此為第二十一勢「螃蟹合甲」下注。「堆」當作「催」。

〔收人心坎〕此為第二十一勢勾字八勢「渾身甲胄總無憂」句下注。「收」字不可通，當是「攻」字之誤。

〔合掌往上一分一分〕此為第二十二勢連字八勢「一片大雲空中舞」句下注。「一分」不需重複。下「一分」二字誤衍。

〔右手板〕此為第二十三勢進字八勢「春入河陽花先滿」下注。「板」當作「扳」。

〔上左步裏耳〕同上「兒童嬉戲齊拍手」句下注。「裏」當作「裹」。

〔往下板〕同上「時時刻刻共飛飛」句下注。「板」當作「扳」。

二十四字偏勢

〔小指擢大指，往外一擺，或陰手，大指擢小指。〕〔大指擢小指往下一砍〕〔大指氣力齊擢〕〔脣氣擢心氣〕以上各「擢」字，俱當作「催」。

卷六

論正氣

在《論正氣》歌訣以下，繼以棍法五條，不別標題。五條都從戚繼光

《紀效新書‧卷十二短兵長用說》中摘出。《紀效新書》此卷從「總訣歌」起，都採取俞大猷著的《劍經》，所以萇氏此五條棍法，實出於《劍經》。

一九六〇年五月二十一日校訂畢

導引養生功

全系列為彩色圖解附教學光碟

張廣德養生著作　每冊定價350元

1 疏筋壯骨功+VCD

定價350元

2 導引保健功+VCD

定價350元

3 頤身九段錦+VCD

定價350元

4 九九還童功+VCD

定價350元

5 舒心平血功+VCD

定價350元

6 益氣養肺功+VCD

定價350元

7 養生太極扇+VCD

定價350元

8 養生太極棒+VCD

定價350元

9 導引養生形體詩韻+VCD

定價350元

10 四十九式經絡動功+VCD

定價350元

輕鬆學武術

1 二十四式太極拳+VCD

定價250元

2 四十二式太極拳+VCD

定價250元

3 八式十六式太極拳+VCD

定價250元

4 三十二式太極劍+VCD

定價250元

5 四十二式太極劍+VCD

定價250元

6 二十八式木蘭拳+VCD

定價250元

7 三十八式木蘭扇+VCD

定價250元

8 四十八式太極劍+VCD

定價250元

太極跤

1 太極防身術

定價300元

2 擒拿術

定價280元

3 中國式摔角

定價350元

彩色圖解太極武術

定價220元

定價220元

定價220元

定價220元

定價350元

定價350元

定價350元

定價350元

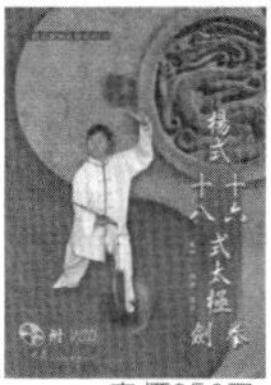
定價350元

定價350元

定價350元

定價350元

定價350元

定價220元

定價220元

定價220元

定價350元

定價220元

定價350元

定價350元

定價220元

定價220元

定價220元

太極武術教學光碟

太極功夫扇
五十二式太極扇
演示：李德印 等
(2VCD)中國

夕陽美太極功夫扇
五十六式太極扇
演示：李德印 等
(2VCD)中國

陳氏太極拳及其技擊法
演示：馬虹(10VCD)中國
陳氏太極拳勁道釋秘
拆拳講勁
演示：馬虹(8DVD)中國
推手技巧及功力訓練
演示：馬虹(4VCD)中國

陳氏太極拳新架一路
演示：陳正雷(1DVD)中國
陳氏太極拳新架二路
演示：陳正雷(1DVD)中國
陳氏太極拳老架一路
演示：陳正雷(1DVD)中國
陳氏太極拳老架二路
演示：陳正雷(1DVD)中國
陳氏太極推手
演示：陳正雷(1DVD)中國
陳氏太極單刀・雙刀
演示：陳正雷(1DVD)中國

楊氏太極拳
演示：楊振鐸
(6VCD)中國

本公司還有其他武術光碟
歡迎來電詢問或至網站查詢
電話：02-28236031
網址：www.dah-jaan.com.tw

原版教學光碟

歡迎至本公司購買書籍

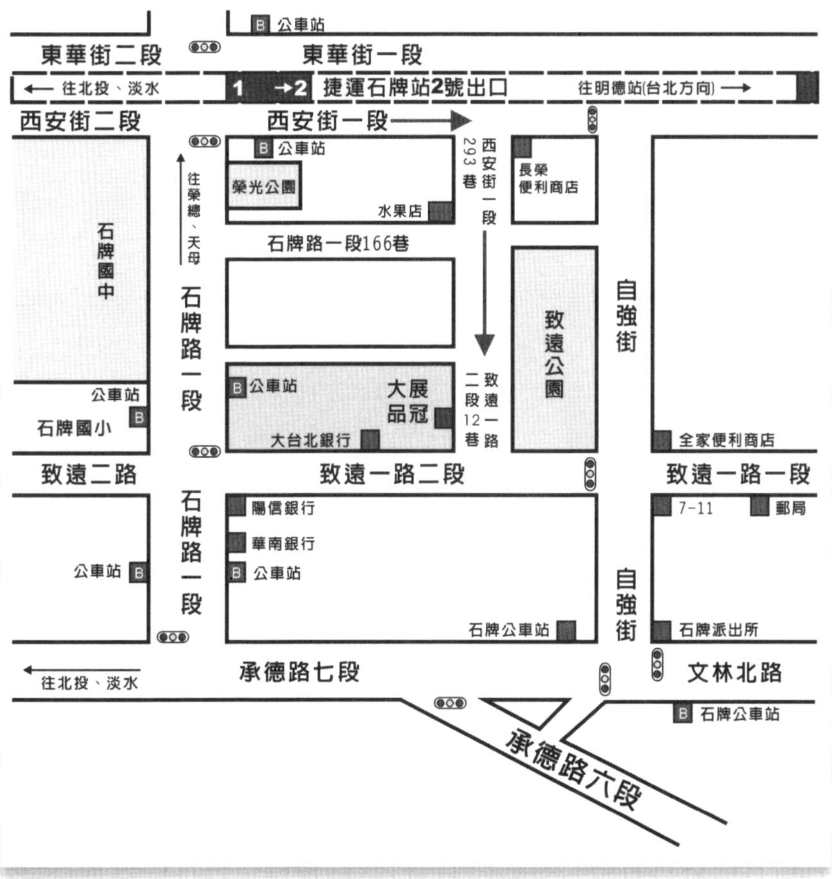

建議路線

1.搭乘捷運・公車

淡水線石牌站下車，由石牌捷運站２號出口出站(出站後靠右邊)，沿著捷運高架往台北方向走(往明德站方向)，其街名為西安街，約走100公尺(勿超過紅綠燈)，由西安街一段293巷進來(巷口有一公車站牌，站名為自強街口)，本公司位於致遠公園對面。搭公車者請於石牌站(石牌派出所)下車，走進自強街，遇致遠路口左轉，右手邊第一條巷子即為本社位置。

2.自行開車或騎車

由承德路接石牌路，看到陽信銀行右轉，此條即為致遠一路二段，在遇到自強街(紅綠燈)前的巷子(致遠公園)左轉，即可看到本公司招牌。

國家圖書館出版品預行編目資料

萇氏武技書／徐震著
——初版，——臺北市，大展，2012〔民101.10〕
面；21公分，——（徐震文叢；7）
ISBN 978-957-468-907-1（平裝）
1.武術
528.97　　101015764

萇氏武技書

著　　者／徐　震
責任編輯／王　躍　平
發 行 人／蔡　森　明
出 版 者／大展出版社有限公司
社　　址／台北市北投區（石牌）致遠一路2段12巷1號
電　　話／（02）28236031・28236033・28233123
傳　　真／（02）28272069
郵政劃撥／01669551
網　　址／www.dah-jaan.com.tw
E-mail／service@dah-jaan.com.tw
登 記 證／局版臺業字第2171號
承 印 者／傳興印刷有限公司
裝　　訂／建鑫裝訂有限公司
排 版 者／千兵企業有限公司
授 權 者／山西科學技術出版社
初版1刷／2012年（民101年）10月

定　價／200元

大展好書　好書大展
品嘗好書　冠群可期

大展好書 好書大展
品嘗好書 冠群可期